历史拐点中的帝王

陈红晓 ◎ 著

长恨歌里说玄宗
李隆基的前60年

北方文艺出版社

图书在版编目（CIP）数据

长恨歌罢说玄宗：李隆基的前60年 / 陈红晓著. ——
哈尔滨：北方文艺出版社, 2019.4
ISBN 978-7-5317-4288-3

Ⅰ.①长… Ⅱ.①陈… Ⅲ.①唐玄宗（685-769）–
传记 Ⅳ.①K827=423

中国版本图书馆CIP数据核字(2018)第114139号

长恨歌罢说玄宗：李隆基的前60年
CHANG HEN GE BA SHUO XUAN ZONG LI LONG JI DE QIAN 60 NIAN

作　者／陈红晓

责任编辑／王　丹　金倩倩	封面设计／周　鹏
出版发行／北方文艺出版社	网　　址／www.bfwy.com
邮　编／150080	经　销／新华书店
地　址／哈尔滨市南岗区林兴街3号	发行电话／（0451）85951921　85951915
印　刷／三河市华晨印务有限公司	开　本／660mm×960mm　1/16
字　数／153千	印　张／11.5
版　次／2019年4月第1版	印　次／2019年4月第1次印刷
书　号／ISBN 978-7-5317-4288-3	定　价／54.80元

目　录
CONTENTS

001　　少有大志的李隆基

004　　母亲被杀

008　　被幽深宫终还李

011　　太子叛乱遭株连

016　　潞州的天空真美丽

020　　算卦回京

023　　淫乱后宫终杀夫

028　　中宗死后的韦氏之乱

031　　大战之前

036　　拿下韦后

041　　太子之位属于谁

045　　以柔克刚

050　　道心治国

054　　架空李隆基

058	转败为胜坐皇位
062	势同水火
068	太平公主之死
075	谁能担当大任
079	姚崇十事要说
088	扫除障碍有技巧
095	处理兄弟关系有办法
100	对斜封官和外戚的治理
104	大力整顿吏治
108	独力担当，扑灭蝗虫
115	宋璟取代姚崇
121	宋璟执政
127	宋璟被免职
130	张嘉贞暂代宋璟
134	张说的回朝之路
142	张说取代张嘉贞
150	不愧是张说
160	如何向天下陈情
166	封禅大典
170	玄宗还是玄宗
173	附：开元盛世相关数据

方其励精政事，开元之际，几致太平，何其盛也！及侈心一动，穷天下之欲不足为其乐，而溺其所甚爱，忘其所可戒，至于窜身失国而不悔。考其始终之异，其性习之相远也至于如此。可不慎哉！可不慎哉！

——宋祁、欧阳修《新唐书·本纪第五·玄宗》

少有大志的李隆基

李隆基即唐玄宗，生于685年，卒于762年。唐玄宗是唐朝执政时间最长的皇帝，也是唐朝全盛时期和由盛转衰时期的皇帝。玄宗是庙号，谥号为"至道大圣大明孝皇帝"，后人又称其为唐明皇。李隆基是唐睿宗李旦的儿子，排行老三，生得风流倜傥，因此又被称为李三郎。

李隆基出生在他的皇奶奶武媚娘正想要当皇帝的时候。

武媚娘将二儿子给害了，又贬三儿子到偏远之地，然后，将小儿子李旦，也就是李隆基的父亲扶上皇位。

武媚娘虽然扶立了小儿子李旦为皇帝，却依旧掌控着朝政，李旦只是名义上的皇帝而已。武媚娘将当了皇帝的儿子软禁在皇宫，她则腾出手来，一个一个地铲除可能会阻碍自己登上皇帝宝座的绊脚石。

这期间，三代皇帝（唐高祖、唐太宗、唐高宗）的子嗣差不多被武媚娘给杀光了，仅剩高宗的三儿子李显和小儿子李旦还活着，这两个儿子也是武媚娘亲生的。由于李显被贬往远离京城的地方，因此李隆基也从未见过这位三伯父。他们一家人那时候真是七零八落。

不过，李隆基还是皇子，被封为楚王。

李隆基的父亲唐睿宗李旦在李隆基五岁的时候被废，由皇帝一下子变成了普通皇子。

　　那时候的唐朝不叫唐朝了，被他的皇帝奶奶改成了"周"，因此这江山也不再是他们李家的江山了，成武家的了。放眼满朝文武，掌控大权的都是武氏宗族的人，李家的人被排斥一边。李隆基幼年时期经历的这些错综复杂的宫廷政治变故，使他变得顽强，想自己长大后，一定要重新夺回原属于他们李家的江山，恢复大唐国号。

　　有了这样的志向，他就不停地朝着这个方向去努力、去奋进。他发奋读书，刻苦练习武术。也许是因为天生聪颖，加上有着大唐明君李世民的英武血统，他骑马射箭、兵书战策、诗词歌赋无一不精。不但文才出众，长得也是极其标致！虽然他的才能不被武氏集团所看重，然而，这刚好有利于韬光养晦。他那时候总是把自己想象成胸有大志的曹操，说自己就是"曹阿瞒"。

　　李隆基八岁那一年，进宫去朝见他的皇帝奶奶武则天。以李隆基的气性，他就是进宫朝见大周的皇帝，也绝不减少作为大唐皇室成员的威仪，因此依然是车马簇拥。

　　负责禁卫的正是他皇帝奶奶的娘家人——左金吾大将军武懿宗。他见李隆基这么小就摆出如此威势，心中很是不自在：如今的天下差不多已经是我们武家的了，你们李家的人还摆什么谱？！于是，他就按剑起身大喝一声："这是大周皇帝的皇宫，为何摆出如此架势？！不许再往前走一步！"

　　于是，车马停住。李隆基不慌不忙地从车驾内探出头来，厉声斥责道："这是我家朝堂，我想怎样就怎样，与你有什么关系？！"

　　李隆基最瞧不起的就是这样的狗奴才，仗着自己是武家的人横行霸道。

　　武懿宗见李隆基如此镇定威严，一时也被镇住了，想这江山确实是他们李家的，自己不过是当今女皇的娘家人而已，于是唯唯而退。

李隆基被簇拥着通过。

武则天知道这件事后,非但没有怪罪李隆基,反而很是赏识李隆基这个小孙儿的胆识。她笑着说:"这个小三郎,也真有我们皇家的气派。"

母亲被杀

在左金吾大将军武懿宗来向武则天汇报时,武则天当时没有说什么,甚至有些欣赏李隆基,还赞扬了他两句。然而,她心中却另有一种想法:你这小隆基,还不是认为这江山是你们李家的?可如今已经是大周朝了,江山已经改姓武了,不再姓李了!——小孩子懂什么,自然都是你父母教的。

李隆基的父亲李旦是武则天的亲生儿子,武则天当然不会把他怎么样,而是把这些过失都记在了李隆基生母的身上。

李隆基的生身母亲德妃娘娘姓窦,娘家也是名门望族。德妃娘娘的曾祖父名叫窦抗,唐朝开国时候的功臣。武则天想坐稳江山,当然不愿见着李家的人翅膀硬。今见小孙子李隆基这么有气势,她就想打压一下,不然,还真是反了天了!

那一天,她正在为这事生闷气。这时有宫女韦团儿对她说:"陛下,婢女有一事,不知应不应向陛下奏明,可事关重大……"

武则天看着这个唯唯诺诺的宫中户婢,说:"有事只管讲来,但说无妨。"

韦团儿还是显出畏畏怯怯的样子,说:"这是有关德妃娘娘的事,婢女不敢言。"

武则天说："又是这个德妃！只管讲来，她又怎么了？"

韦团儿见自己一提到德妃娘娘，皇帝就表现出不耐烦和厌恶的样子，她的胆子也就更大了，说："婢女听闻，自从陛下登基之后，德妃娘娘常怀怨恨，便在她居住的宫殿院子里挖了一个坑，埋了一个小铜人，上面扎针，诅咒陛下您……"

武则天一听到这个，登时大怒："这个小贱人，真是该死！竟然诅咒到朕身上来了！"

当即命人去挖小铜人，果然在德妃娘娘的宫殿院子里挖出一个小铜人来，上扎金针，还写着"武媚娘当死"的字样。

于是，武则天当即宣皇子李旦和德妃来见。

李旦是非常惧怕自己母亲的，听到母亲召见，心里就有些忐忑，不知道母亲为了何事召见，于是赶紧和德妃前去。

夫妻俩来到皇宫，见武则天气愤地坐在那里，便慌不迭地跪下道："儿臣参见母皇！"

武则天见他们两个进来，气不打一处来，一直怒视着他们。他们跪在地上好一会儿了，也不让他们平身，而是一阵大骂。

开始的时候，李旦夫妻还不知道是怎么回事，因为他们并没有做什么让陛下发怒的事。一直以来，他们都是按母皇的意思待在自己住的地方不出来，也几乎不与人交往。但李旦明白，以自己此时的处境，难免会被人陷害，特别是母皇娘家的那一帮子人。

李旦夫妻真是被吓得魂都没有了，不住地流泪叩头说："儿臣不知道犯了何罪，让陛下生这么大的气，真是罪该万死，罪该万死！"

待听明白是埋小铜人诅咒母亲的事，夫妻俩更害怕了，那可是死罪，然而，自己的确没有做过呀。李旦不住地哭着叩头说："儿臣虽不孝，可万不敢做此等事呀！母皇，一定是有人陷害！望母皇详察！"

武则天看着李旦，冷冷地说："朕知道你不敢做，你是朕的儿子，朕自然知道。不过这窦氏，这个贱人，不会不敢做吧？"

可怜的德妃都快吓晕过去了，她哀求道："臣妃实在没有做过此等事呀！还望陛下详察！"

李旦也哭着哀求道："还望母皇详察！我们一直谨遵母皇旨意，不敢有一丝一毫的非分想法，望母皇详察！"

然而，哭有什么用呢？武则天是铁了心要置德妃于死地的，不管她做过还是没做过，都逃不过此劫！

于是，武则天命令武士用乱棍把德妃给活活打死了。

在一旁看着的韦团儿既得意又害怕。其实，这事的确是她和武氏兄弟合谋陷害德妃的。左金吾大将军武懿宗就是主谋。那韦团儿平时也是深恨德妃的，不光恨德妃，李旦的所有妃子她都恨。因为她曾经想亲近李旦，然而李旦连正眼也不瞧她……

从此，李隆基便没了娘。

李旦怀着丧妻之痛，回到自己住的地方，见到自己的家人，还要装作没事人一样。他对小隆基说："你的母亲回外公家去了。"李旦害怕再次为家里的这些人招来什么横祸。他这个刚被废的皇帝、当今万岁的皇子，日子过得万分艰难呀……

李隆基不知道母亲到底去哪儿了。刚开始的时候还不知道，可聪明颖悟的他，时间长了怎会不明白呢？

这一切，在李隆基幼小的心灵上会留下什么样的伤痕呢？

然而，他的母亲死了还没算完，他们一家人从此也被幽禁在宫内，他外公家很快也遭到了株连。这株连不是直接的株连，武则天还是找了个由头的。

和德妃的死是一样的，这次首先被陷害的是德妃的母亲，也就是李隆基的外婆。武则天说李隆基的外婆又在家里装神弄鬼，想让她赶紧死掉。这当然是陷害。最终，把他的外婆打得死去活来，但审来审去，也没审出结果来，于是把他们一家全部流放到岭南去了。

面对这样复杂且恐怖的事情，李隆基只有把心中的伤痛埋在内心深处，同时还要像先前一样按时去向皇帝奶奶请安，服侍她。一向刚强的他发誓一定要改变这一切！一定要把他的皇帝奶奶从皇帝宝座上拉下来，打败武家！恢复李唐天下！

被幽深宫终还李

李隆基在被幽禁宫中的那段时间里，日子是十分难熬的。就连宫内的小宫女见了他也都是爱理不理的。至于外面的世界，他也是接触不到的。这样的境况，对于懦弱者而言肯定是灭顶之灾，但对于刚强者来说，更能坚定意志。

李隆基没了母爱，周围也是冰冷的。父亲这边的亲戚，有时只有姑母太平公主会来看看他，她待小隆基还是不错的；然而太平公主为了避嫌，为了不让她的皇帝母亲不高兴，也很少来。而他母亲那边的亲戚只有一个小姨母还留在京城里，这给了小隆基一些安慰……

李隆基在深宫大院里读书、习武。他相信，总有一天会重建李唐天下。虽然他们一家人在外表上看不出什么，但其实都憋着一股劲儿呢。李隆基七岁那年，他的皇帝奶奶举办家宴，命他们兄妹为大家表演节目助兴，李隆基当时跳了一支名叫"长命女"的舞，五岁的弟弟李隆范表演的是一段名叫"兰陵王"的歌舞戏。李隆范进场的时候，还大声道："祝愿神圣皇帝万岁，子孙成行！"

李隆基想起来都心痛，皇帝奶奶将他们李家的人都快杀光了，哪还会"子孙成行"？

皇帝奶奶不是亲人，而是仇人！

李隆基天生灵秀，只要是他感兴趣的，别人一指点他就会。因此在这幽禁的生活当中，他不光练武学文，就连歌舞、打球也学得很是精当，人又长得英武，自然人人见了都喜欢。父亲李旦也是个文学素养特别高的人，被幽禁在深宫当中，闲得慌，就潜心教育自己的孩子。这就给李隆基打下了很好的文化基础。

如此过了五年，他的皇帝奶奶终于给他们一家解禁了。

他的皇帝奶奶武则天与世抗争实在是累了，觉得这个天下最终姓不了"武"，就像狄仁杰说的："立儿子为皇嗣（皇储），她驾崩后会享受宗庙里的祭祀；立侄子为皇嗣，天下可没有奉姑母为宗庙的。"还是让它姓"李"吧，于是，便想着还天下于李家。这次，她选择了李显当她的皇位继承人，于是李显便成了太子。李旦依旧被封为相王，放出宫去。

李隆基虽然没有了皇嗣的身份，然而得到了自由。这时候，他已经十三岁了。

他们家被幽禁在皇宫内整整五年的时间！

一家人真是犹如小鸟出了笼一般，心里一阵轻快。无论如何，还是自由好。李旦心里别提有多畅快，小隆基也感觉天是那么高，地是那么阔，这一切是多么让人激动啊！

然而，想起自己的母亲，李隆基还是暗自垂泪。

他恨他的那个皇帝奶奶！

而且，他的那个皇帝奶奶虽然立了李隆基的伯父为太子，自己却还是不肯退位，天下人归唐之心迫切，她的江山怎能坐得稳？何况她如今也实在是老了。

这天下真是要动荡不安了。

终于,在公元705年爆发了"神龙政变"。太子李显、相王李旦还有他们的妹妹太平公主,联合大臣张柬之、李多祚等一批位高权重的大臣趁武则天病重的时候,包围武则天的寝宫,逼她让位。他们站在皇帝武则天的榻前,恳求道:"陛下,请让位于太子!"……

武则天见大势已去,不得不将皇位让给儿子李显,有气无力地说道:"朕明白这个天下迟早要归还李家的,可你们为什么非要这么做呢?"

众人又道:"恳请陛下让位于太子!"

武则天说:"好,朕这就下诏,让位于李显!"

李显当了皇帝后,大周自然不存在了,又恢复了李唐的天下。许多流落于民间的李氏皇族及远亲又重新被召了回来,该升官的升官,该封爵的封爵。

这日子好像又过顺当了。

而此时的李隆基已经长成了一个英武的大小伙子,仪范伟丽,具有非常之相,一身英雄气概,因此被他的伯父唐中宗李显任命为卫尉少卿。

太子叛乱遭株连

没有想到的是，天下还给了李家，却还是不稳定。唐中宗神龙三年（707年），李唐天下又出事了，并且此事在很大程度上改变了李隆基的命运。

韦皇后要篡夺皇位，当第二个武则天。

唐中宗是个性格内向的人，当皇帝之前，就有点怕刚强又有主见的老婆韦氏，凡事都听从于她。想当初，他的母亲武则天废他为庐陵王主要的由头也在他的这个老婆上。因为他第一次当皇帝的时候，听老婆的话，总是给他的老丈人韦玄贞升官，先是由一般的参军加升为豫州刺史，然后又想升为侍中。众官大为不满，就对他说："陛下，那韦刺史本没有什么功劳，为何陛下连升他的官职呢？这肯定会引起众怒的！"

中宗刚当上皇帝，心里相当自负。为了袒护自己的老丈人，他毫无道理地训斥大臣："朕是皇帝，想晋升谁就晋升谁，就是把这个天下给了他，又有什么不可以呢？"

这事弄得满朝文武心里都很郁闷，传到他的母后武则天那里，武太后当然也很生气，心想：这样一个无知愚蠢的儿子怎么能够当好皇帝？竟然说要把江山送给自己的老丈人！于是果断地把他给废了……

此后李显被武则天贬到外地，韦妃一直跟着他，不离不弃。李显就总是觉得对不住她，在被贬期间她也成了李显的精神支柱，韦妃总是安慰他，并且提醒他要小心处事，总会有出头的那一天。因此李显对她感情深厚，凡事都迁就于她。没想到的是，这个韦妃，在自己的丈夫重登皇位后，竟然权欲心膨胀，看到丈夫顺从自己，就想篡了丈夫的皇帝之位，像她婆婆一样当女皇帝！还有他们已经出嫁的女儿安乐公主也吵着要当什么"皇太女"，当然也是要成为将来的女皇帝了——和她奶奶一样的女皇帝！

说起这安乐公主，当初他们一家被武则天召回京城的时候，已经长成非常美丽的大姑娘了，长相和作风酷似武则天。因此，武则天心里很是喜欢她。以前排斥李家，贬自己的子女，如今实在是老了，久别后重见自己的儿孙，心里得到许多安慰，唤起了许多温情。为了缓和娘家武氏和李家的矛盾，武则天就把这个小孙女许配给了武三思的儿子武崇训。

此时的安乐公主，争着当皇太女，当然没把她的哥哥太子李重俊放在眼里，还常骂这个太子哥哥是"奴才"！

你说这李重俊心里能不慌、能不急吗？他想，妹妹安乐公主要是当了皇太女，那自己怎么办？自己这个太子之位还能保住吗？

韦皇后是安乐公主的亲生母亲，却不是太子的亲生母亲，所以她也是偏向自己的女儿的，何况前面还有婆婆武则天做她们的榜样呢！

说起来，那李重俊身后也没有什么依靠。他的母亲并没有显赫的家世，出身贫贱，并且早已死去。因此，这李重俊心里就更是着急。

于是，李重俊就起兵了。

李重俊和左羽林大将军李多祚，带着兵将，半夜里假传圣旨，破开了武三思家的门，杀死了武三思和武崇训父子，然后又准备攻进皇宫，杀死韦后和安乐公主。

中宗闻报，大惊："太子反了？他为什么要反？难道他就这么急着要当皇帝？"

中宗慌慌张张地与韦后逃到了玄武门的门楼上。韦后撺掇他命人带兵去平叛，中宗来不及多想就答应了。

两下里发生了一场激烈的战斗。李重俊所带的兵士原想着自己的行动都是奉旨办事的，没想到不明不白就成了"叛军"，感觉上当受骗了，是太子与他手下的将官坑了他们。于是心中很是愤恨，掉回头来，一齐上去，把太子李重俊与那些将官给乱刀砍死了。

太子李重俊的叛乱平息了，然而，却让一些人心惊肉跳，特别是韦后母女。太险了。这次叛乱导致韦后失去了武三思，安乐公主失去了丈夫和家人。

说起来，韦后和那武三思暗地里原是有奸情的。他们一家被武则天召回来之后，李显见武则天的贴身女官上官婉儿仪态万方，才貌俱佳，很是倾心，于是在他当皇帝后，向武则天讨来上官婉儿，封为昭容。

上官婉儿也是官宦之女，大家闺秀。她是宰相上官仪的亲孙女，从小受到过很好的教育，读了很多书，文化层次非常高。上官婉儿还聪慧过人，什么都一学就会，就像是小仙女下凡一样，尤其是诗作得最好，这主要是她的母亲在平常闲暇的时候精心教育的结果。

武则天为了排除异己，扫除自己登上帝位的绊脚石，就暗命许敬宗诬告宰相上官仪企图扰乱宫廷，然后下令把上官仪父子给杀了，没收了他们的全部家产，家里人都充作了官奴。

武则天退位前，有一天，长宁公主请武则天到流杯池一游。眼前的流杯池风景清丽雅静，武则天的好心情来了，就召见了随行的上官婉儿，当场出题考校。上官婉儿文不加点，须臾而成，且文意通畅，河藻华丽，语言优美，真好像是凤构而成。武则天看后大悦，当即下令免其奴婢身份，让其掌管宫中诏命。

后来,武则天令人作应制诗来进献,由于上官婉儿在上次流杯池表现了出众的才华,此次就令她对进献的诗进行评选。

一件件作品被筛选掉了,仅余宋之问和沈佺期的,上官婉儿经过一番认真比对,最后沈佺期的也被扔了,只剩了宋之问的。

武则天笑着问她:"你为什么单留下了宋之问的诗,难道沈佺期的诗也不行吗?"

上官婉儿从容地回答道:"这两个人的诗文功力很相近,难分雌雄。沈佺期的诗'微臣雕朽质,羞睹豫章材',少些余味,而宋之问的'不愁明月尽,自有夜珠来'余味无穷。"

武则天听了上官婉儿的评论,龙心大悦,不禁赞道:"你比他们更有才呀!"

如今,上官婉儿跟了中宗李显,有才的她为了讨好韦后,又牵线把武三思和韦后弄到了一起。他们三人经常在一起鬼混,只瞒着李显。有时,李显夫妻还和武三思一起在龙榻上打牌、饮酒玩乐。

这下可好了,武三思被太子李重俊给杀死了,韦后心疼得不知道如何是好,除了经常心痒难挨,当然也记恨。记恨之余,又害怕会再来一次这样的叛乱,从而影响自己的登帝之路。于是,她就向中宗说:"我们坐了江山,宗室的人总是不服,一有机会就会发动叛乱,不如……"

于是,中宗就开始问罪于相王李旦和太平公主。

然而,李旦和太平公主也不是好惹的。他们气愤地回击说:"陛下,太子叛乱和我们这些人毫无关系,我们都不知道,更没有丝毫参与,您应该充分地调查一下!"

没办法,李旦和太平公主是不能动的,何况也不容易动,他们此时在朝中的势力也都是很大的。大臣也纷纷对中宗说:"陛下,您拥有整个天下,广有四海,难道连一个弟弟和一个妹妹都容不下吗?"

于是,李显就只有拿李隆基他们这些小辈开刀了,他说:"你们这些上了年纪的人自然都是无事的,就是那些年轻小辈心急气躁,容易生事,不如就让他们都离开京城,到地方上锻炼锻炼!"

李显这样处理,李旦、太平公主和那些朝中大臣也都说不出什么来。

于是,李隆基等一些小辈便成了替罪羊。

李隆基被遣为潞州别驾。

潞州的天空真美丽

李隆基带着一腔怨气离开了长安。此去远离京城,并且是独自一人离开家人,这是他从小到大从未有过的体验,感叹世事无常,不曾想堂兄李重俊造反也会牵连到自己……

李隆基在京城有个好朋友名叫崔迪,两人平时多有来往,在一起谈诗论文,很是意气相投。此时,崔迪对李隆基很是不舍,将李隆基送了一程又一程,也不忍分手。崔迪垂泪说:"殿下此去边远之地,不知何时才能得见,您可一定好好保重啊,凡事三思而后行,说不定哪天还会被召回来。"

李隆基眼里也是湿湿的,但他没有掉泪。他不会轻易掉泪的,从小就经历过那么多事,就是自己的母亲被冤死,他也还是一样在人前装出没事的样子呢!

然而,他心情很快就开朗了。他出京,等于是放飞了一只鹰,一只劲健的雄鹰!

潞州别驾,虽说是潞州刺史的副长官,实际上却只是个闲职。然而,李隆基在京城这样群星璀璨的地方怎么也显不着他,英雄无用武之地,到了地方就不同了,周围都是小官和草民百姓,真正显出了他是王。

由于他皇室和临淄王的身份，在地方李隆基自然就比一个刺史的影响要大得多。就是他的上司凡事也还要听他的。你说这不比在京城里好吗？何况这里天高皇帝远，谁也管不着，他就是这里的"皇帝"，他可以慢慢地在这里发展自己的势力，慢慢壮大起来……来到这里，感受着周围人对他毕恭毕敬的样子，聪明灵秀的李隆基就觉得自己的机会来了，此次被贬谪未尝不是一件好事！

经历过这么多事，李隆基也意识到了，要想保全自己，只有壮大自己。于是他便不失时机地开始着手一些事。当然，首先就是招贤纳士，结交天下各路英雄。

当地有一个县令名叫张暐，为人豪放，喜欢结交天下各路朋友，性格和李隆基很是相近，因此李隆基和他一见如故，相谈甚欢，两人总是一起出游打猎。李隆基通过他结识了不少豪杰之士。当然了，这些人能得到李隆基的赏识，也是倍感荣幸的，因此都愿意为李隆基效命，跟着他干一番大事业。

李隆基还结交了一个名叫李宜德的英雄。李宜德出身贫贱，从小失去父母，在一个财主家里当仆人。一次偶然的机会，被李隆基碰上了，李隆基一下就看上了这个人。他觉得此人非同一般，如果网罗在身边，将来会有大用。于是就向李宜德的主人提出赎买。这个土财主巴结李隆基这样的皇族贵人还唯恐不及，哪敢说个不字？何况只是要买一个他的仆人而已。其实，李宜德在这个财主家里也不被看重，只是被当作一般的下人看待，而这个下人又总是舞枪弄棒，弄不好还会生出什么事来。自然是笑呵呵地一分不要地奉送。得了李宜德，李隆基心里欢喜，自然是把应给的钱给了财主——五万文。

所谓英雄不问出处。李宜德可真是不简单。他身手矫健，骑马射箭、拳脚功夫样样精通，日后跟了李隆基，发挥了很大的作用。

李隆基身边还有个了不得的英雄——王毛仲。王毛仲是高句丽人，官奴出身，从小就跟着李隆基，和李隆基感情很深，武艺也很是高强。李隆基自然很是喜欢。

从此以后，李隆基出来进去，身边总是带着这两个人，彼此像亲兄弟一般。李隆基是非常重视兄弟情义和义气的，天生就有一种豪侠之气，也因此，潞州的英雄热衷于和他在一起。

此时的李隆基正是一个风流倜傥的小王爷，除了结交豪杰英雄之外，生来多情的他在这里喜欢上了一位美貌的女子。

这位美貌的女子是山东人，姓赵，出身乐工家庭，能歌善舞，风情万种，这也暗合了李隆基的兴趣和爱好。李隆基爱好文艺，生来就有很好的文艺气质和天赋。人家一般文人就是文人，武人就是武人，他则是英雄加才子，要不怎么会成为历史上最有魅力、最风流倜傥的帝王呢？

这名女子和她的老父亲卖艺流落此地，不巧被风流多情的李隆基给碰上了。

李隆基最好的朋友有两类：一类是武人英雄；另一类是有知识懂文化的人。一天，他在街上闲逛，信步来到一座酒楼上，就碰上了赵姑娘和她的老父亲在此卖艺。

长时间待在潞州，一到这个场合，观看如此美丽的姑娘演出，心境自是不同，别有一种新鲜的韵味。姑娘是音乐世家出身，在这方面也颇有造诣，李隆基一看就迷上了。不但迷她的音乐，也迷上了人，于是下决心要把她留在身边。

然而，此时的李隆基已经不是单身了，他已经有了两个妃子。正室妃子姓王，出身将军家庭，脾气很是暴躁。李隆基害怕将眼前这个卖艺的姑娘带回家会导致他家庭不和睦，那个正室妃子会发酸泼醋，一时有点儿为难。

此时县令张暐正陪在他的身边，见状，就给李隆基出了一个主意。他说：

"就让赵姑娘和赵公先住在下官家里吧,下官家里有的是房子。再挑选一些能干的人来服侍,保证不让他们父女受委屈。"

李隆基听了很是高兴,说:"那就有劳贤兄了。"

能为李隆基分担忧愁,张暐心中也很高兴,说:"自己兄弟,不必见外,到时候您可以常去听赵姑娘唱曲儿!"

于是,两人哈哈大笑。

此后,李隆基去张暐那里更勤了,一方面是会见朋友,另一方面是研究音乐艺术,释放他那过盛的精力,真是一举多得。

仰望天空,李隆基禁不住叹道:"潞州的天空真美丽呀!"

算卦回京

　　李隆基在地方上有了根基，生活也过得舒心，然而就在此时，京城里却来了诏书，要他回京。

　　原来，他的皇帝伯父在他的皇伯母韦后的撺掇下要举行祭天大礼，这是非常重要的礼仪活动，所以要地方上的各州高官全到京城陪祭。李隆基作为潞州别驾，也是要去的。

　　李隆基接到诏书后，心里七上八下，一时拿不定主意。是去呢还是不去呢？

　　李隆基知道，那个韦后有问鼎帝位的野心，因为，她已经和皇帝一起临朝听政了。在此次祭天的活动当中，韦后要充当亚献，也就是身份第二重要向天祭献的人。这也是李隆基最上心的事，他是坚决不同意他们李唐江山再落入别人之手的，那样不仅他们李家的江山没有了，就连他们李家也会被灭掉。他的皇奶奶当皇帝的时候，李家死了多少人啊！所以，韦后要是当皇帝，他李隆基第一个不答应，他也知道自己和她早晚会有一战。然而，此时韦后好像要抢先采取措施了，怎么办？以他现在的这点实力能行吗？他不用掂量也知道是不行的。他对张暐说："本王小的时候就多次听父王说过，当初，本王的皇奶奶为使自己的地位提升，就曾跟我的爷爷高宗一道封禅泰山，充当亚献。如今韦后也如此，目的是很明显的。"

张暐也说："看来就是如此！此次我们可一定要小心！"

李隆基点头称是，又说："这个韦后把人都召集到京城观礼，不是什么好事，早先武后因为从洛水中弄出一块什么宝石，便把宗室的人全部召集到京城，导致越王李贞父子造反。武后便以此为契机，几乎把宗室里的所有人都收拾了。本王想起这事来，就不寒而栗呀！"

一旁的王毛仲这时说话了："我说千岁爷，这次回京是一个机会，可不能错过呀，如果韦后这次没有想把我们一网打尽呢？"

李宜德也说："我长这么大，还没去过京城呢，还不知道京城是什么样子呢！千岁爷，这次就回去吧，有我给你保驾，怕他个啥呀！"

李隆基看看王毛仲，又看看李宜德，禁不住笑了一下，说："是呀，这也的确是一次回京的机会。我也想回京看看父王了。"

王毛仲说："就是，我们已经出来整整两年了，相王他老人家想儿子恐怕都想坏了。"

李隆基照他头上"啪"就是一巴掌，笑着说："你这个臭小子！"

那怎么办呢？李宜德说："要不，咱算一卦？看看此去是凶是吉再说？"

张暐也来了精神，说："好，殿下，今天咱就算上一卦，如果吉就去京城，凶就取消此行！"

李隆基大手一挥："好，就算上一卦！"

要算卦是很容易的。潞州一个军士韩凝礼会占卜吉凶。韩凝礼听说这事后也很是兴奋，他也想去京城长长见识，于是当下就拿出筷子开始算卦。

没想到，韩凝礼刚将三根筷子摆放好，其中的一根就马上立了起来。韩凝礼急忙把这根筷子按倒，然而一松手，筷子"腾"的一下，又立了起来。反复三次，都是这样。韩凝礼立刻给李隆基跪下，道："千岁爷，此卦可是无卦之卦，贵不可言呀。千岁爷此行必吉！"

于是，众人都拍手欢笑，说："大吉，大吉！这次去京城大吉！"

李隆基也来了精神："好，那就回京去！"

淫乱后宫终杀夫

卦算得还真准，此次中宗举行封禅大典，韦后果然没有采取谋害宗室性命的举动。然而，李隆基回来不到半年，他的皇帝伯父李显却暴崩了。

韦后原是一个十分淫乱的女人。在安乐公主的丈夫死后，安乐公主让父皇李显将亡夫的同族兄弟武延秀召进宫内帮助料理丧事。然而，安乐公主却偷偷地和这武延秀勾搭成奸。中宗知道这事后，内心很是不满，可也毫无办法，只好命女儿安乐公主改嫁武延秀，并且让新女婿当了右卫将军，赐爵桓国公。

安乐公主和武延秀结婚以后，进宫向父皇、母后谢恩。没想到，丈母娘一见到女婿长得英俊潇洒，被迷得颠三倒四。

于是，韦后又逼迫女婿武延秀和自己勾搭成奸，母女共侍一夫，大家一起快乐。武延秀初时不适应，后来也慢慢适应了，还滋生出猖狂之心，比他死去的族兄武崇训还要猖狂，得意非凡，连皇后和公主都被自己迷倒了。他一得意起来，就想要篡夺大唐的江山，使天下重新回到武氏手中。

一天，韦后陪着丈夫中宗在外边游玩，宴请朝中大臣。韦后见散骑常侍马秦客、光禄少卿杨均年轻漂亮，顿时起了邪念。待宴会结束以后，韦后便将二人召到了皇宫，趁中宗皇帝临幸别的宫妃的时候，逼迫此二人侍寝。

此后，散骑常侍马秦客打着自己懂医术的幌子，光禄少卿杨均打着有做饭手艺的招牌，时常进宫和韦皇后鬼混。

不久，韦后淫乱后宫的消息传得满城风雨，只有她的丈夫中宗不知道。

然而，纸是包不住火的，这事最终还是被中宗知道了。这主要是因为定州人郎岌和许州司户参军燕钦融向中宗上疏，将韦后淫乱后宫的事情对中宗全讲了，并要求将韦后废掉。中宗知道后，气得浑身打战，说："这个淫妇，朕念她与朕是患难夫妻，一味地迁就于她。没想到，她竟然干出此等龌龊之事！"

中宗哪会善罢甘休？

然而，此时的韦后势力实在太过庞大了，已经大大超过了中宗。不等中宗出手，就有亲信告知了韦后。韦后知道事情已经败露，到了和丈夫撕破脸的时候了，同时也极为痛恨郎岌和燕钦融，立即命人前去把他们给杀死了。

然后是中宗，就在景龙四年（710年）六月，韦后不顾数十年的夫妻情分，和女儿安乐公主密谋，准备害死自己的丈夫中宗。

安乐公主，也想着自己的母亲能够当上皇帝，然后自己当上皇太女。她们将此事交给了马秦客去办。马秦客暗地里命人在中宗最喜欢吃的三酥饼里下了毒药。中宗吃后，当即命丧黄泉。

中宗驾崩后，韦后就开始谋划称帝了。她秘不发丧，先是派人和当时朝中势力最大也是影响最大的李旦和太平公主商量后事。当时韦后一派和李旦、太平公主一派实力差不多，谁也不容易压倒对方。双方各派了一个代表去谈判，中心问题就是今后由谁来当皇帝，韦后这边派出的代表是才女上官婉儿，李旦这边则是太平公主。

可别小看上官婉儿，别以为她只会读书作诗、乱搞男女关系，其实她也是很有头脑的政治家。

想当初，由于作诗的才华，和做事为人精细聪明，上官婉儿被武则天收为心腹。

当年，武则天暗地里跟道士郭行真行那苟且之事，可总是难以尽兴，就召了一个小情人冯小宝进入内宫。谁知，冯小宝此后仗着武则天的恩宠，竟然无法无天，心也越来越野，不顾朝廷颜面，打骂凌辱朝中大臣，就连朝中的元老魏元忠，他也不放在眼里。武则天刚责骂了他两句，他就在明堂和天堂各放了一把火，差一点儿造成大的火灾事故。

武则天很是无奈，这是宫廷大内，哪容得下这样的粗野之人？于是就想着把冯小宝给除去。然而，武则天又不好亲自下这个命令。于是作为心腹的上官婉儿便暗地里和太平公主商议此事。她说："这个冯小宝也太可恶了，万岁很是头疼！"

太平公主说："母皇的意思是——"

上官婉儿说："杀死他！"

两人经过一番计议，公主在自己的亲随当中挑选了数十名身强力壮者，扮作宫女的样子侍立于大殿前面，然后请驸马都尉李诚带着羽林军在宫外埋伏。

那天，女皇武则天召冯小宝进宫。冯小宝一如既往，很是张狂，带着他的亲随，大大咧咧地向大明宫走来。至宫门入口处，值班女侍将他的亲随挡在外面。冯小宝一人刚进入殿内，突然头上被猛击了一下，瞬间倒地。侍立在两旁由亲随假扮的宫女一拥而上，顿时把他按了个结结实实。埋伏在殿门口的羽林军，则将他的亲随全部杀死。冯小宝也被砍了脑袋。

李显再次当了皇帝后，上官婉儿专掌起草诏令。上官婉儿、韦后和武三思三人在一起鬼混，上官婉儿和韦后经常在皇帝面前说武三思的好话，使中宗封武三思为司空，又封上官婉儿当了昭容。

大臣张柬之等人联名上书皇帝李显，要整肃朝廷，夺去武三思的大权，中宗将这些大臣的奏折转手给了上官婉儿。

上官婉儿与武三思就来了个先下手为强，假借皇帝的谕旨把张柬之等大臣明升暗降，削去了官职。然后，在张柬之等人上任的途中，又将他们全部杀死。此后，韦后和武三思只顾淫乐，将朝中的大权都交给了上官婉儿。

在太子李重俊与李多祚起兵的时候，他们带领三千羽林军占领了皇宫诸门，叫喊着要杀死韦后和上官婉儿。上官婉儿镇定自若，指挥得当，她阻止了四散逃命的宫女和太监，命令道："速调兵入卫，关闭玄武门，兵部尚书宗楚客马上进宫护驾，其余大臣一律不准入宫！"

上官婉儿令右羽林大将军刘景仁带兵于玄武门城楼下防卫，她与皇帝、皇后一起上楼。没过多长时间，宗楚客便带领五百兵将来到玄武门城楼下。上官婉儿令他在太极殿埋伏。李多祚带着叛军来到玄武门城门楼下，他在城下向上大喊道："陛下，上官婉儿勾引武三思进宫，请您马上把她交予我们！"

上官婉儿对中宗李显说道："李多祚挟持太子，罪不可赦，应该马上将他们剿灭！"

韦后也在一旁撺掇。

于是，中宗命宫闱传令杨思勖出战。

李多祚正在城门下叫喊，不料突然城门大开，杨思勖引一队人马突然冲了出来，直奔李多祚。杨思勖一马当先，一刀将李多祚劈于马下。李多祚所带人马顿时乱了阵脚。

上官婉儿在城门楼上传达皇帝的命令："叛军听仔细了，你们不明情况，跟着叛乱，如果现在投降，万岁就会赦你们无罪，还会对你们重重有赏！"

羽林军一听，马上掉转了枪头。上官婉儿和韦后逼着中宗李显将太子余党全部杀死，就连守城的小吏也没有放过。

从此，中宗越加佩服上官婉儿的精明和才干。上官婉儿又于关键时候为跟着太子叛乱的张、魏两位元老求情，中宗心中对她更是怜惜，遂就将全部朝政交给她来管理。后来,上官婉儿引起了韦后的不满,婉儿便放松了对朝政的掌管。

韦后和安乐公主联手毒死中宗后,便想着自己当皇帝。韦后密令自己宗族中的韦捷带着十万羽林军"保护"京城,且派兵监视宗室那些王爷。上官婉儿见状,忙进谏道:"以前武后当皇帝,在天下归心二十年之后还接连推辞了三次,依您现在的情况,能与当时相比吗?不如先奉太子登基。"

韦后思忖再三,不得不听从了上官婉儿的话。

中宗死后的韦氏之乱

太平公主对于她皇帝哥哥的骤亡极为怀疑，又对韦后平时的做法非常不满，所以，她想拥立李旦再次当皇帝。然而，上官婉儿坚决不同意。最后兼顾双方利益，她们让只有十六岁的太子李重茂登基，韦皇后以太后的身份临朝听政，新皇帝由皇叔李旦辅政。中宗没有立什么遗诏，两人便以此协议为原则，替中宗立了遗诏。

"遗诏"立好了，然而，韦后越想心里越不舒服，她实在是不想让相王李旦辅政，她想的是自己尽快登上皇帝的宝座。因此，"遗诏"是一天也没能执行。

中宗的死，外面的人都不知道。韦后将这个立好的"遗诏"第二天就转交给了朝中的众臣。韦后和中宗共同执政多年，没少提拔自己的人，所以，朝中大臣大都是韦后的人，当然懂得韦后的心思了。已经成了宰相的宗楚客当时就说话了："皇后是嫂嫂，而相王李旦是小叔子。自古叔嫂不通问，听朝的时候怎么遵守这样的礼仪呢？"

其他大臣一听，也都附和道："就是呀，他们怎么能在一起处理朝政？"

宗楚客说："不如请韦后直接临朝称制，就别让相王李旦辅政了，否则太不合乎礼仪了。"

如此一说，维护韦后的其他大臣也马上说："说得对，不合乎礼仪的事不能做，干脆别让相王辅政了。"

于是，原来的"遗诏"就执行不下去了。

韦后重新组阁。

李唐宗室的人都知道韦后这是要加快自己登基的步伐了，他们哪能坐以待毙？

此时的韦后，心里也很清楚。为了顺利实施她的计划，从各地紧急拨了五万府兵来到京城，跟禁军一道维护京城的治安。

府兵与禁军总共有六位高级将领，这六位高级将领不是他们韦家的子弟，就是他们韦家的女婿。最高指挥官由她的族兄、宰相韦温来兼任。她将枪杆子牢牢地攥在自己的手里，就是要震慑李家的人。

韦后的军事部署还是挺严密的，然而，她太自大了，掌府兵与禁军的六位高级将领个个都是中看不中用的货色，根本抵不住李隆基发动的一次政变。

不过，对于李隆基，韦后根本就没有放在眼里。她的眼里只有相王李旦和太平公主。至于李旦的儿子们，都是些毛孩子，要什么没什么，根本就不必在意他们。只要看好他们的老子李旦就可以了，毕竟没有李旦，这些毛孩子什么也干不成。

于是，韦后只让军队看管李旦的王府，却没去管他的那些儿子。李旦原有六个儿子，其中一个夭折了，还有五个。自从武则天把他们由宫内解禁出来之后，五个儿子都各自有了府邸。李旦在亲仁坊住，他的儿子都在隆庆坊，隔着几条街。当时有个宰相叫李峤，也是个诗人，从小就有才名，被封为赵国公，颇有见识。他对韦后建议道："皇后千岁，如今局势这么不稳定，还是先把相王的那些儿子都派出京城去吧！"

当时，韦后只顾大事，哪顾得上那些毛孩子？于是，便没理会这个建议。韦后此时是相当有把握的。

然而，她太过于自信了，大事难成，往往就败在这些小小的疏忽上……

大战之前

李隆基自那日回到京城，已经有半年时间了。这半年来，他可一日也没有闲着。他时刻在关注着朝廷的变化，积极加强自己的力量，又结交了不少豪杰朋友。

京城里有个尚衣奉御，也就是为皇帝管衣服的官员，名叫王崇晔。此人性格豪爽，仗义疏财，非常讲义气，在京城里很有名气，也很有威望，多少人都愿意和他交结，因此也算是响当当的人物。李隆基一回来，就听说了这个人，于是急忙去拜访他。李隆基连着拜访了数次，两人相见也很谈得来，李隆基这样身份的人主动和他交结，对王崇晔来说本就是很风光的事，所以，王崇晔的朋友也很快都来依附。这和李隆基在潞州结交豪杰是一样的路数。包括万骑的葛福顺、陈玄礼和苑总监钟绍京等都笼络在内了。

性格豪爽的人在一起真是无话不谈，什么政治、经济、人情、世风、时局等都是热议的话题。他们谈论最多的是时局，对韦后专权，淫乱后宫很是不满，陈玄礼和葛福顺说了一些韦后在宫苑里的事情。

王崇晔说："韦后乱政，卖官鬻爵，不管什么人，只要肯花银子就能买官来做，就是宰相也能当。"

陈玄礼说:"有一次,皇上带着人到定昆池去游玩,让随从大臣作一首诗,赞美一下定昆池。黄门侍郎李日知吟道:'所愿暂思居者逸,勿使时称作者劳。'皇上听了,郁闷道:'这明摆着是在讽刺朕嘛,诸卿家还是别作什么诗了,只饮酒吧!'

"酒喝到差不多了的时候,乐人便跳起了'回波舞'。韦后一定要用'回波'起始,令众人作诗助兴。文学士沈佺期吟道:'回波尔时佺期,流向岭外生归。身名已蒙齿录,袍笏未复牙绯。'皇上听了很是高兴,大笑道:'视爱卿之才学,持牙笏、穿绯袍,也没有什么过分的,朕现在就擢卿为太子詹事。'

"沈佺期赶紧跪下谢恩,然后退下。乐人臧奉为了使韦后高兴,就向皇上奏道:'奴才也有以回波起首的诗,但是这几句诗会触犯龙颜,所以,请万岁恕罪,奴才才敢说。'

"韦后只顾自己开心,哪管什么触犯龙颜不触犯龙颜,就说:'你只管吟,恕你无罪!'臧奉吟道:'回波尔如栲栳,怕婆却也大好。外头只有裴谈,内里无过李老。'

"谁都知道,御史大夫裴谈是韦后的心腹之人,'李老'就是皇上。韦后听了心里真是舒服极了,可是皇帝气得直打战,真想下旨治他的罪。谏议大夫李景伯赶紧起身道:'万岁,酒饮得有些过了头,可不能在这时候做什么事呀!'同三品萧至忠道:'这都是非常正常的言语,还望万岁自重呀。'

"皇帝下旨撤宴,不喝了。次日,中宗还是想着要治乐人臧奉的罪,然而,韦皇后却赏赐了这个乐人。于是,中宗也没再治他的罪了。"

众人听了宫内这些事,心里无不气愤,这个韦后真是太猖狂了,李家的江山快要变成她们韦家的了!

就这样,李隆基在京城很快有了相当的名望。

有了名望，就有有真才实学的人前来投靠。

长安城里有个五十多岁的县尉名叫刘幽求，很有才，足智多谋，眼界也高，就因为平时总是恃才傲物，大半生都过完了，还是无所建树。刘幽求这人又不愿巴结权贵，像韦后、李旦这样的，都不在他的眼里，一般人更看不上。然而，此时他偏就看上了李隆基这个年轻的王爷。

他暗暗观察李隆基的行事作风，觉得他风流大气，胸怀高远，是个真正的人物，于是就主动前来投靠。刘幽求一加入李隆基的阵营，李隆基的实力马上大增。下边人再多，如果没有有头脑、有知识、有方略的人来出谋划策，也是瞎折腾。而刘幽求就是有头脑、有知识、有方略的人。

得了刘幽求，李隆基心里更有底了，办事也更有劲儿了，此时他最重视的是禁军。如果没有禁军，想要把事情做成功，那是痴人说梦。

对于禁军，李隆基最关注的就是万骑的将士。当时大唐帝国最厉害、最强大的禁军也就是万骑营。万骑营是皇帝的贴身侍卫部队，全是骑兵，自武则天晚年开始，哪一场军事政变都少不了他们。

李隆基在王崇晔那里结识了万骑的中级将领陈玄礼和葛福顺。万骑营的将士在闲暇的时候，爱喝酒赌钱，李隆基便利用他们这个特点，拉拢争取他们。李隆基总是请他们饮酒赌钱，且在赌钱的时候故意输给他们，因而他们很是开心，觉得李隆基这个人真是好，是可以交的朋友。

李隆基身边的王毛仲是个聪明的人，知道禁军对李隆基的重要性，也主动设法去拉拢这些人，跟他们套关系，陪他们玩乐。如此一来，好多万骑的将士从心理上都倒向了李隆基，愿意为他效力。

李隆基像在潞州的时候一样，也很重视笼络那些游走于富贵豪门的道士和尚。这些人很能探听消息和传播消息，像东明观的道士冯处澄和宝昌寺的和尚普润等一些人，全成了李隆基的人。

李隆基看到韦后紧锣密鼓地部署军事力量，也闻报自己父亲的居所被韦后派兵监视起来了，知道大战在即，如果不行动，不但自己的父亲危险，就是大唐江山，以及他们李家也就全完了。

他和刘幽求商议说："刘县尉看现在该怎么办？"

刘县尉也知道是该做出决定的时候了，他说："依我们现在的实力，未必能灭掉韦氏，还需联合其他力量。"

李隆基说："我父王现在虽没了自由，但还有我的姑母太平公主可以依靠。"

刘幽求说："如此甚好！赶紧去见太平公主！"

于是，李隆基秘密地找到太平公主，将自己的打算说了，公主正在发愁呢，没想到李隆基这个侄儿已经在暗中做好了准备，心中大喜，说："从小我就看你不一样，果真能做出大事来！"

得到了姑母的支持，李隆基心里更有底了。

太平公主调拨自己的人马，尽归李隆基指挥，还特意派了她的两个儿子相助。

就在李隆基暗中筹备的时候，韦后手下的人也对李隆基的行动有了察觉。首先得到消息的是韦后的心腹、宰相宗楚客的好朋友兵部侍郎崔日用，因为他是专门管军事的，对于此类事情是相当敏感的。

可是现在的崔日用与从前的崔日用已经不完全是一个人了。如今的崔日用见韦后尽做些为人所不齿的淫乱后宫、祸乱朝纲之事，他的心里就起变化了。

从内心里说，他不怎么看得上韦后，以她的才能和品行，当个皇后还勉强可以，如果要当皇帝，就很危险了，她能与当年的女皇武则天相比吗？显然不能，天下的人也根本不会拥戴她。她即使一时当了皇帝，到底能荣耀几日？总之，崔日用并不赞成她当皇帝。难道李家宗室就真的没人了吗？他也在静观默察着。于是，他发现了临淄王李隆基。

他觉得临淄王李隆基不简单。

他晓得宝昌寺的普润和尚也是李隆基的人。一天，他找到了普润，对普润讲："我晓得法师和临淄王有来往。请法师向临淄王转告一下，韦后已经准备对相王和太平公主下手了。假若临淄王有什么计划的话，就应加紧准备。只要有用得着下官的地方，下官在所不辞！"

普润当时没说话，然而很快就把此事报告给了李隆基。李隆基马上让普润将崔日用请来。此时李隆基正想了解韦后那边的事情。崔日用见了李隆基，就说："殿下，您的事情我都知道了，很快别人也会知道，时间拖得越长，越对您不利，您还是即刻下手吧！不然的话，可就什么都晚了！"

拿下韦后

李隆基听了崔日用的话后,犹豫了一下,他担心此时发动政变太过仓促,如果斗不过韦后,就会被韦后灭掉。

其实,韦后只是表面看起来强大,禁军虽然掌握在韦后手里,但她派去掌握禁军的人都是一些无用的人。掌控禁军的几个韦家子弟,都没有在禁军里干过,也根本不明白到底该如何来掌控禁军,可以说毫无经验。他们来到禁军后,一方面为自身地位的提升而兴奋,另一方面又害怕众将士不服他们。于是,韦家子弟就想着在禁军里立威,然而又不知道如何立威。于是,哥儿几个就在一起商量。

韦播说:"下边的将士不听话,就给他们点颜色瞧瞧!"

高嵩说:"就是,不听话就打!"

第三个说:"打他们个皮开肉绽,看他们老实不老实!"

于是韦家子弟都采用此法,看着下边的将士稍不顺眼,就加以惩罚,狠狠地打。

所以,下边的将士都非常恨他们,怨言四起:"不懂军事,还瞎指挥!"

葛福顺和陈玄礼也挨过他们的打,挨了打后,就跑到他们的好朋友李隆基那里诉苦，骂韦氏。

李隆基心里暗喜，心想机会来了，他先是不动声色地好言把他们劝回去，之后又加紧商量。刘幽求说："殿下，看见了吗？机不可失，失不再来，干吧！"

这次李隆基下定了决心，就说："此时不干，更待何时？干！"

李隆基又对刘幽求说："鼓动万骑将士的事就交给刘县尉去办了，重任在肩啊！"

刘幽求也晓得此事非他不可，自己要亲自出马了。这也是他迈向理想人生的第一步，很重要，必须走好！

说服葛福顺和陈玄礼进行得很顺利，二人一听刘幽求的话，毫不犹豫便答应了下来，坚决要跟着临淄王建功立业，不再受窝囊气。他们发誓说："万骑的事，就让临淄王放心吧，我们一定会办得妥妥帖帖，万无一失！"

刘幽求笑了，叮嘱他们说："凡事还要小心！"

二人说："刘县尉尽管放心！"

政变定在了六月二十日，也就是中宗驾崩后的第十九日。

六月二十日这天，临淄王李隆基身着便服，在李宜德与冯处澄的护卫下，与刘幽求、薛崇简、麻嗣宗等人相见，认真商量了政变的详细步骤。待到黄昏之时，李隆基带领着数十人悄悄潜入了禁苑。

李隆基先是在禁苑找到了钟绍京住的地方。这个钟绍京是禁苑的五品总监，字写得很好，在京城里也算是相当有名气的书法家了，小日子过得还算可以，他也是李隆基此次回长安后结识的朋友。李隆基打算把这里作为此次政变的联络地点。然而，钟绍京还不晓得他们的想法。开门一看，外面一下子来了这么多人，知道他们要干什么了，还没有心理准备的他很是害怕，连忙紧闭了门，将这群人关在外面。这也使外面的人大为不满：这个钟绍京今天是怎么了？当然心里也很焦急，就是一分钟也等不得。然而，李隆基却很镇定，刘幽求对手下弟兄说："兄弟们别急，少安勿躁。钟总监一定会开门的。"

这时候就听到里面钟绍京的老婆不满地训斥钟绍京道："大丈夫忘身殉国，老天爷都会保佑的。你平日里和他们关系那么好，今日若他们失败了，你难道会逃得脱吗？"

几句话点醒了梦中人，钟绍京一时间很是惭愧，赶紧给外面的人开了门，请入宅内。

禁苑南边就是宫殿，宫殿的北门之内便是皇帝、皇后居住的后宫，要想一举把韦后拿下，最主要的就是先解决掉守北门的禁军。过了没多长时间，葛福顺也来了。几个人又是一番计议。待出屋门的时候，天已二更。

此时天上有流星雨，一颗一颗明亮的星星拖着长尾"嗖嗖"地划过长空，甚是好看。刘幽求激动地说："此正是我们举大事的好时机，我们要好好把握！"

普润双手合掌，说："阿弥陀佛，上天在佑助我们。韦后淫乱后宫，图谋大唐江山，该当有此报应！"

葛福顺说："接下来就看我们的吧，我们早就准备好了。"

葛福顺说毕，就直奔万骑和飞骑的营地。

此时，韦后派驻万骑和飞骑的四位将领，除了武延秀在皇宫和安乐公主一起居住外，其他三位都在军营中。

葛福顺大摇大摆地进去，他们根本未及防备，就是防备也不是葛福顺的对手。葛福顺虽说只是万骑的中级将领，却是真正的将军，而他们几个呢？只是因为和韦后有亲戚关系被派驻在这里而已。何况，此时天色已经很晚了，他们都上床睡了。

葛福顺进去，手起刀落，"咔嚓！咔嚓！咔嚓！"将他们三个全削了脑袋,然后大声喊道:"韦后淫乱后宫,毒死先帝,意欲谋取大唐江山,其罪当诛!今天晚上,她的报应就到了,我们要给先帝报仇,拥相王李旦登基!哪个三心二意,帮助逆党,我会灭了他三族!"

兵士早就恨韦后派来的这三位将军,何况他们也想维护大唐江山,不希望大唐江山被韦后所夺,就齐声应道:"我们愿意跟着葛将军,诛灭韦后!"

葛福顺安抚好兵士,就把三颗人头献给了临淄王李隆基,李隆基心里又放下一块石头,道:"好,给葛将军记头功!现在命葛将军和陈玄礼将军各率一支队伍攻打皇宫!"

二人得令而去。

他们此时对付的主要军队也就是守卫皇宫的府兵。万骑和飞骑的战斗力虽强,然而不及府兵的人数多。可是,兵不在多,在精。

葛福顺和陈玄礼带人马从玄德门和百兽门打进去。府兵虽然没经什么分化瓦解,然而人心所向很重要,韦后实在是不得人心,府兵在阵前纷纷倒戈了。所以,葛福顺和陈玄礼几乎没有遇到什么抵抗。于是,万骑、飞骑、府兵如潮水一般涌进内宫,李隆基随后也带人赶来了。

韦后听到喊杀之声,吓坏了,知道发生了政变,心想:自己布置得很严密呀,怎么就发生政变了呢?而且这么快就攻进来了。万骑、飞骑、府兵都干什么去了?!

于是,韦后亲自跑去太极殿万骑营调兵。没想到,她刚到飞骑营,就碰到了一群兵士,她还没来得及说话,对方就说:"正找你呢,真是得来全不费工夫!"

"咔嚓"一刀,就结果了韦后。

安乐公主也被兵士一刀戳死。

她的丈夫武延秀已经冲出了肃章门,然而,也没逃脱被杀的下场,被一刀结果了性命。

上官婉儿毕竟有才，见发生政变，心里也慌，但表面上还很镇静。陈玄礼刚带兵冲进内宫的时候，上官婉儿手下的那些人就劝她赶紧逃命。

上官婉儿明白，逃也是一死，根本就逃不出去，就对她的手下那些人说道："乱兵当中，不应外出，不然的话，一定会死！你们赶快将宫门都关好，一定不能让乱兵进来，我有办法对付他们。"

于是，手下按她的吩咐去做。上官婉儿从箱子内拿出了一个东西，用黄绸缎裹好后，率领她自己宫内的人出来迎见陈玄礼。

陈玄礼见上官婉儿十分镇定，还微笑着，心里很是吃惊，心想：这个上官婉儿要干什么？刚要下令拿下上官婉儿，上官婉儿就将手里托的东西献了上来，说："将军，我早已经把相王登基的诏书给写好了，望将军代为呈上相王，赦我死罪！"

原来，上官婉儿想以此诏书来换回自己的性命。

陈玄礼见她聪明性感的样子，也下不了手，当即接过诏书，答应了下来。

李隆基很快就到了，召众将来见。陈玄礼便呈上上官婉儿写就的诏书，转达上官婉儿的意思。李隆基心系江山，他决绝地说道："这个女人妖艳淫乱，淫乱宫闱，不可轻恕，现在若不杀她，将来必会后悔！"

于是，下令斩杀上官婉儿。

皇宫拿下后，李隆基又令兵部侍郎崔日用率领人马出宫将韦后的宗族党羽全部诛杀。

次日早晨，政变结束，李隆基秉承父王李旦旨意，论功行赏。

长安大街上出现了一派喜庆的景象，人人交手称庆，都觉得可以过上太平日子了。同时，李隆基的名字响彻长安城的大街小巷，并很快举国皆知。

太子之位属于谁

政变三日后，唐殇帝李重茂于太极殿上会见了朝中大臣。太平公主面对满朝文武道："陛下想要将皇位让给皇叔相王，你们意下如何？"

太平公主此话一出，朝臣群情振奋，说："应该啊，众望所归啊！"

"陛下此举真是英明！"

已经被封为宰相的刘幽求站出来说话了："在国家多难的时候，陛下能够大公无私，以大局为重，真是有尧舜一样的德行呀！相王能于此多事之秋代皇侄承负大业，更是慈爱之德。皇家这样，真是普天下之大幸呀！"

经过这一场政变，相王李旦当皇帝也是必然的，没有人会有什么异议。此时的小皇帝李重茂都傻了。太平公主走向前去，对他说："众望所归，这个皇位已经是你皇叔的了，退位吧，孩子！"

说着，她就把侄子李重茂从皇位上拉了下来，扶相王李旦坐上去。满朝文武赶紧跪下，高呼万岁。

相王李旦当了皇帝，接下来就是立太子。政变是李隆基发动成功的，顺理成章应当由他来当这个太子，然而，仁厚的睿宗李旦又怕如此会委屈了大儿子李成器，让有些人不满意，毕竟按嫡长子继承制是应先考虑李成器的。所以，他一时拿不定主意应当立谁为太子了。他对群臣说："朕的大儿子是宋王李成器，三儿子是平王李隆基，诛杀韦后一党时，李隆基立了大功，两个人都有他们的优点，你们看应当立哪个为太子呢？"

对于这个问题，李隆基没有什么话好说，只能是顺其自然。

而嫡长子李成器呢，也是和他爹一样的宽厚淡泊，他心里也明白，这太子之位不是自己应当坐的，就诚恳地说："在国家平安的时候，一般是先立嫡长子的。然而，在国家动荡不安、遇到变故的时候，就应当先考虑有功的人！不这样，就会使天下的人失望。因此，儿臣万不可当这个太子！"

政变成功后，李隆基被封为平王。

在接下来的几天，李成器都诚恳地向父皇辞让，坚决要把这个太子之位给三弟李隆基。

其实，这也是睿宗李旦想要的结果。这样，老大以后也会心服口服，没什么话说。李旦见大儿子这样，心里很是感动。此时，刘幽求又上书："臣听说，除天下之祸的人，应享天下，平王拯救社稷于危难，救君亲之危，按功劳，没人能够相比，口碑也非常好，毫无疑问，当立为太子。"

这句话说出了众多朝臣心里的所盼所想。于是也都纷纷上书言说立李隆基为太子。

如此，睿宗下诏："立平王为皇太子。"

然而，李隆基刚当上太子四个月，下边就有好多人在议论："他不是嫡长子，不应为太子。"

这个舆论的制造者和散播者就是太平公主。

在政变以前，太平公主和李隆基是盟友，可在政变以后，就不同了，为了争权，就成敌人了。李隆基太强了，就会对太平公主形成牵制，影响太平公主的权势。在李隆基当了太子之后的一段时间里，太平公主深刻地意识到了这一点。然而，她当初没想到，如果想到了，在李隆基当初要当太子的时候，她就会站出来极力反对。现在，她只有想办法把李隆基从太子之位上拉下来。

太平公主丰腴的身材，容貌像极了武则天，也很有权力欲。下面咱们说说这太平公主，她的确是很厉害的角色。

太平公主在武则天众多的公主当中，是最受宠爱的一个。她的外婆荣国夫人下世的时候，武则天为了给自己的母亲追福，让三岁的她加入了道籍。

太平公主十一岁的时候，吐蕃王要求她下嫁和亲，武则天无论如何都舍不得她去，断然拒绝了此门婚事。就是在这个时候，武则天为她修了个道观——太平观，让她出家做了道姑，彻底断了吐蕃王的念想。

到了她成婚的年龄，高宗要为她挑选驸马，在精挑细选之后，才决定把她下嫁给薛瓘的儿子薛绍。薛绍英俊威武，仪表非凡，又是出身于河东的名门。河东的名门薛氏，人多，势力也大，其中薛稷、薛元超等不少人都名列公卿，家门显赫。

高宗驾崩后，武后掌握朝中大权。武后很看不上李显和李旦两个皇帝，但是对太平公主却是不同，独独地喜欢她。

太平公主和她的母亲一样，最善于弄权，她的母亲遇事总爱跟她商量。太平公主表现得也非常乖巧，内心里明白她的母亲专制，律法严峻，她不光对内参与谋划，还对外树立威望，是她母亲最得力也最信得过的助手。

当时武则天的男宠是薛怀义，原名冯小宝，被武则天一连宠幸了十来年，所以很是骄横，还最喜欢吃醋，这让武则天很是讨厌，想要暗中将他处死。太平公主就密令自己的乳母张夫人和建昌王武攸宁等人，配合羽林军将薛怀义秘密处死，对外则宣称是暴毙。

之后，太平公主又给她的母皇推荐了俊俏而又精通才艺的张昌宗进入内宫。

张昌宗又介绍了自己的弟弟张易之，武则天在政治上也总是扶植他们兄弟俩，兄弟俩很快权势熏天，不可一世。

后来，太平公主参与政变，杀死了二张，逼武则天退位，使唐中宗李显复辟……

可以说，太平公主是久经沙场的政治家，如今她还怕她的小侄子李隆基吗？

首先，太平公主拿太子李隆基的身份说事，开始制造舆论，想利用舆论的力量把李隆基从太子的位子上轰下去。太平公主暗中派出许多亲信传播流言，煽风点火。

派出去的亲信到处讲："当今的太子根本不是嫡长子，被立为太子是不对的，应当废掉。"

流言虽没长翅膀，但是它会飞，哪里人多，它就会飞到哪里去，影响力非常大。太平公主就是要扰乱视听。

以柔克刚

景云二年，太平公主总是直接坐车等在大臣回家的路上，看见大臣走过来，她就会慢慢地迎上去，道："现在的太子并非万岁的嫡长子，这种立法实在是不合规矩。还望大人于万岁面前提一提，要不行，就换个人当太子吧！"

然而，当时的大臣都和她不一心，他们都不听她的。宰相宋璟是位正直的大臣，一听太平公主这样说，就非常恼怒，反驳道："东宫对国家是有非常大的功劳的，乃宗庙社稷之主，公主为什么会有这样的说辞？"

双方争论一番，不欢而散。

太平公主还想将睿宗嫡长子宁王李成器收买过来，为自己所用。她私下里找到李成器，对他说："将三郎废了，你来当这个太子如何？"

然而，李成器在他的姑母眼里也真是不"成器"，只见李成器连连摇头说："姑母千万不可，三弟对国家有大功，他当太子是众望所归。我没当过太子，就是当了，天下的人也都不会服气，当不好这个太子。"

李成器一口回绝了太平公主。

然而，太平公主制造出去的舆论还是很厉害的。不少人都在传说和议论着太子的事。

对于太平公主刻意制造的舆论，睿宗李旦也很无奈，一方是自己的亲儿子，一方是自己的亲妹妹，又都是为社稷、为自己当上皇帝立过大功的，应当向着谁呢？宽厚的李旦只好下诏书平息这样的流言。

然而，太平公主在她的哥哥李旦跟前说道："陛下，如今整个朝廷的大臣都是倾向于东宫的呀！"

太平公主若说的都是真话，那无疑是太子李隆基在用心拉拢朝中大臣。拉拢朝中大臣做什么呢？当然是准备尽快当皇帝了。因此，李旦一听妹妹这么说，就不高兴了，就对李隆基有看法了，心道：你想干什么呢，三郎？你想当皇帝，也太急了点吧？

李旦这个人虽然内心宽厚淡泊，然而，你真要是与他争，他也会不答应的，除非是他自愿让贤。于是，他把大臣韦安石召来，问他道："如今朝中大臣都真的倾向于太子吗？"

韦安石随即回答说："陛下怎么会说这样亡国的话呢？这肯定是太平公主殿下耍的阴谋诡计。太子殿下对国家有大功，仁明孝友，这是天下人都知道的，希望陛下不要听那些谣言和别有用心的话。"

太平公主就在帘子后面听着呢，差点儿没背过气去。

太平公主还暗地里授意术士对李旦说："陛下，谶言显示，五日之内会有乱军入内宫！"

什么"乱兵入内宫"呀，当然是说太子李隆基又要发动政变了，何况大唐的太子素来就有搞政变急着当皇帝的传统。至于李隆基，已经有过发动政变的历史了，而且是最拿手的。

就这样，太平公主把睿宗李旦搞得也真是相当烦恼。于是，他又找来了大臣询问，这次他找来的是张说。他问张说："听术士说，五日内会有乱军入内,卿看应当如何防范?"

没想到,张说听了这话,根本就没当一回事,泰然说道:"陛下,请放宽心吧!根本没有的事。"

李旦还有些不放心:"哦?"

张说道:"这一定是谗佞之言,要离间陛下和东宫的关系,才出此下策。如果陛下让太子监国,流言就会自己消失了。"

而李隆基呢,对于他的姑母太平公主做的这些事,他并没有着急,而是心平气和。他也不和他的姑母斗,也不使用什么伎俩。他只用了一个四两拨千斤的小招数,就破了姑母的这些诡计。

李隆基想:姑母不是说太子的位置应当是大哥的吗?不是意在挑拨自己和大哥的关系吗?那我就证明给你老人家看,让你看看我们兄弟情同手足!不光是我和大哥,我和所有兄弟都是这样。

于是,他就特意去和大哥联络,争取大哥及其他弟兄的支持。只要大哥安于本心,他就什么都不用怕了。

于是李隆基屡次上表,说要把自己的太子之位让给大哥。这是以退为进的办法,难道忠厚的大哥真会想当这个太子吗?那他还算什么大哥,谁会服气?自己上表把太子之位主动让给大哥,是对大哥的尊重,也说明大哥在众弟兄当中的重要性,让大哥知道三弟对他的一片心意。

李隆基为了充分显示他们兄弟几个之间的情义,还特意研制了一个可以供五个人枕的长枕头,此枕头也是有史以来最长的枕头了,可见李隆基的良苦用心。不光是枕头,还专门做了一个特大的被子,可供五个人盖。

太子和他的几个兄弟,不论白天黑夜都在一起,晚上睡一张床,盖一床大被子,彻夜长谈,亲密无间。

五兄弟在一起共叙亲情,谈起过去的艰难岁月,一家人被幽禁的日子,不禁抱在一起痛哭,特别是大哥李成器和李隆基的母亲都在那时候被害死了,所以共同语言特多。

通过一段时间的兄弟温情交心,大哥李成器主动对三弟李隆基说了姑母太平公主要让自己代三弟当太子的事。

你看李隆基此举收获是多么大呀,也真显得还是他们兄弟之间到底比和姑母之间的关系近。这样,他们也就把姑母太平公主排斥在外了。李隆基说:"放心吧,大哥,小弟不相信大哥,还能相信谁?我从小跟着大哥一起长大。其实,我一开始就想把这个太子之位让于大哥的。"

李成器说:"看你把大哥看成什么人了。这太子本就应该是你的,何况你也比大哥有能耐,会更好地照看我们李氏的江山。"

兄弟几个都很同情李隆基,说:"咱们的姑母心眼儿也真是太多了,几次三番地算计太子,和皇帝奶奶一样,权欲心太重。"

李隆基说:"快不要这么说。"

这样,稳住了李成器,太平公主再鼓噪也是白搭。

老臣姚崇见太平公主总是制造事端,算计太子,唯恐天下不乱。有一日,他便跟宋璟一道来觐见皇帝。他们对睿宗李旦说:"宁王李成器是陛下的嫡长子,邠王李守礼是高宗的嫡长孙,太平公主在这些方面做文章,会让东宫不安。那就让宁王和邠王都出京到地方当刺史吧,也将岐王李隆范和薛王李隆业在羽林军中挂的将军职衔给免了吧,让他们分别当左、右卫率保护太子,再把太平公主打发到东都洛阳去。唯有如此,才会使政局稳定呀。"

睿宗李旦长叹一声:"唉!我这妹妹也真是事多,何必争来争去呢!"

由此,李旦也很是对太平公主不满,可她是自己的亲妹妹,又对自己当上皇帝立过大功,有什么办法呢?

景云二年,皇帝李旦正式下旨:"太平公主出京居蒲州,李成器和李成义，还有李守礼都到地方出任刺史，李隆范和李隆业免去羽林军大将军的官职，出任太子左、右卫率。另外，李隆基以太子的身份监国，全面行使执政权力。"

道心治国

太平公主没想到自己会被皇帝哥哥发配到外地，这事大大出乎她的意料。认真一打听，才知道这都是姚崇和宋璟给她的皇帝哥哥出的主意。太平公主弄清真相后，大为恼火，她不找姚崇，也不找宋璟，而是直接去找了太子李隆基。她觉得这都是李三郎在幕后指使的，完全是李三郎的主意。

太平公主一路飞奔到太子那里，对着李隆基又是吵又是闹，问他为何让亲信去给皇帝出这样的主意，说："你已经是太子了，为何就容不下自己的亲姑母和哥哥们呢？"

李隆基看着姑母太平公主气势汹汹、无理取闹的样子，真是百口莫辩。他实在没有让姚崇和宋璟这样做呀！

其实，姚崇和宋璟也真是没受李隆基的指使，他们完全是出于社稷稳定的方面来考虑的，然而这个考虑毕竟对太平公主有坏处而无益处，且大大有利于李隆基。

李隆基怎么才能洗刷掉这个不白之冤呢？容不下姑母和哥哥这样的罪名，他可实在担不起，到时社会舆论会怎么说？他这个太子还当不当了？

话又说回来，眼前的姑母得罪不起，哥哥们也同样得罪不起呀！还指望哥哥哥们站在自己的一边，支持自己呢！哥哥们听到姑母这样的话会怎么想？

李隆基满脑子空白，他都快急哭了，只得说："姑母，我真的没挑唆什么，不信，让他们两个来当面对质！"

太平公主看李隆基急成这个样子，自己反倒先冷静了下来，冷笑说："这还用得着当面对质吗？明摆着的事！"

李隆基哭笑不得，气急败坏地说："干脆，我上奏父皇，将姚崇和宋璟两个人杀了算了，免得他们二人挑拨我和姑母、哥哥们之间的关系！"

太平公主冷笑而去。

于是，李隆基上疏，要求睿宗李旦处死姚崇和宋璟。

然而，对于此事，李旦心里跟明镜似的，他非常清楚，怎可能会听了李隆基一时的气话而擅杀大臣？为了平息此事，于是睿宗下旨："宁王、邠王留京任用，姚崇、宋璟到地方出任刺史，太平公主依旧到蒲州去。"

睿宗李旦的这个处理办法，应该是谁都没有什么好说的了，即使是太平公主还有怨言，认为是李隆基在背后挑唆的姚崇和宋璟，现在也说不出什么来了，而且保住了太子的声誉不受损。

然而，令太平公主心急火燎的事还在后头呢，在她到蒲州刚满两个月的时候，她的皇帝哥哥李旦就要把皇位传给太子李隆基了。

李旦是位生性淡泊的皇帝，很早的时候就信奉道家学说。他曾将天台山的著名道士司马承祯请去长安讨教道术。司马承祯对李旦说："所谓道，即'损之又损，以至于无为'啊。"

李旦说："一般人当然可以如此修炼，然而要是像朕这样要治理国家的人呢？"

司马承祯道："皇帝治理国家与一般个人修炼没有什么不同。最重要的是要心无杂念，顺其自然，这样便能将国家治理好。"

李旦认真地听着，思考着，感觉就像打通了浑身筋脉一样舒坦，他领悟了"道"。

　　几个月后，他召集三品以上的官员，对他们说："朕一向淡泊，从来不把名誉和地位看作人生最重要的东西。以前母后令朕当皇嗣，哥哥中宗让朕当皇太弟，朕都不愿意当。现在朕想把这个皇位传给太子，众卿家看如何？"

　　然而，大臣都摸不准皇帝到底是怎么想的，因此就极力劝他：

　　"陛下，您处事厚道英明，如今大唐江山没有您，恐怕是不行呀！"

　　"就是，现在怎么可以让位呢？陛下正是精力充沛的时候啊！"

　　不光是大臣摸不准皇帝是怎么想的，就连他的儿子李隆基和妹妹太平公主也不知道他到底是怎么想的。

　　李隆基想：父皇现在又不是太老干不动了，如何会这样说？想必是对自己有所怀疑吧？那自己坚决不可以接受！于是，他磕着头流着泪非要辞让不可，坚决不让父皇退位让贤。他说："父皇，儿臣年纪尚轻，还需锻炼，而父皇正是英年有为的时候，千万不可有此想法，为难儿臣呀！"

　　太平公主也心惊肉跳，想着哥哥让位给太子，我这个公主还会有希望吗？显然是没有了。

　　皇位最终是没有让成，不了了之。

　　然而，睿宗李旦心里既然产生了这样的想法，就总是放心不下，时不时地想起这事。没过多长时间，李旦还是下令："朝中所有政事都归太子决断。军国大事、死刑的复核和五品以上官员的任免，全先由太子处理，然后再上奏皇帝。"

　　这当然是将太子李隆基的政治地位大大提高了一步，也是在为他以后继承皇位铺平道路。

　　这件事，太子的姑母太平公主在蒲州获悉后，真是绝望无比，难道以后自己就只能永远待在这小小的蒲州？太子掌握了朝中大权，自己就永无出头之日了！

太平公主对自己的心腹说："本宫冒险与李三郎联合发动政变，得到了什么好处呢？全不过是为他李三郎效劳罢了！"

太平公主说完这句话，心中还真不甘心，只要有口气，她就要争一争！她下定决心了。

太平公主就是有一种不达目的不罢休的性格，她痛定思痛，开始认真总结经验和教训。她对自己的心腹说："我们以前有两大过失：首先，我们虽然声势逼人，然而总是孤军奋战，朝中支持我们的人太少了，缺乏后援，我们向他们发难的时候，总是被他们轻易地化解了。其次，我们虽然对太子猛烈的攻击，可总是抓不住重点，也因此使我们总处于下风。"

心腹说："这次咱们仔细想想，琢磨琢磨，千万不可再犯以前的错误了。"

太平公主说："让他们等着瞧吧！"

果敢心细的太平公主决定此次非要把太子斗趴下不可。

架空李隆基

太子李隆基想的和他的姑母太平公主不一样。

李隆基占了一定优势之后,就想显出一些宽宏大量的姿态。何况,不到万不得已,他是不会对自己的亲姑母痛下杀手的。

打他出生的时候起,国家就处于接连动荡不安的状态,他的亲人连遭杀戮,这都是他亲眼看到的,他也不愿再发生骨肉相残的事情了。

于是为了缓和跟姑母太平公主之间的关系,他上表父皇,请求让他的姑母太平公主回京。他觉得还是让姑母回家,一家人团团圆圆的好。

那睿宗李旦呢,当然也更不愿自己的儿子和自己的妹妹之间总是争来斗去,看到儿子的上表之后他很是欢喜,于是就准了太子所请,召妹妹回京。

然而,他们却不晓得,太平公主并不领他们的情。她回来就是要斗倒太子李隆基,重新执掌朝政大权的。

回京之后,太平公主绝口不提更换太子的事了,那显得太愚蠢了。然而,她绝对不是愚蠢的人。她也知道以前闹得厉害,导致了皇帝哥哥的反感,不然为什么会将自己送出去?

她吸取了教训,改变了夺权的策略。她开始在网罗人才、培植亲信上下功夫了。

太平公主网罗的第一个人才是娶了韦后的奶妈、自称是"皇后阿爷"的窦怀贞。这个窦怀贞出身于高级官吏家庭，完全可以说是衣食富足的高官子弟。然而，他从小就有志向，总是不以衣食富足的高官子弟自居。别的高级官吏子弟都是生活奢侈，好车好马好衣服，挥霍奢侈，然而他却生活很是简朴，总是显得与众不同，因此那时候，他的名声非常好也非常大，人们都认为这个人将来必定会做出有利于天下的大事来。

然而，他的所谓有利于天下的大事就是对权力的追逐，其他什么也不是！

由于一心追求权力、痴迷权力，为了得到权力，他就到处用心钻营、谄媚、巴结、奉承，真是无所不用其极。

唐中宗李显在位的时候，太监的势力相当强大。于是，他就特别注意在公众场合辨认太监，一看见太监就笑脸相迎，点头哈腰，唯恐哪天没看出人家是太监而失礼。然而，年老的太监还好辨认些，因为他们脸老而无胡子，年轻的太监就不好辨认了，于是，就常常出错，没少闹笑话，好多胡子稀少的人都被他误认为是太监。

然而，就是这么一个人，太平公主偏说他好，偏认为他是人才。窦怀贞原先是追随韦后的，属于韦后一党，诛杀韦氏党羽的时候，他当然也受到了牵连，被贬到濠州当司马去了。

如今太平公主看中了他，他就又被提拔了上来，很快从濠州回到了京城长安，过了没多长时间，又挤入了宰相的行列。他当然也明白这都是太平公主的关照，于是就很感激，常常夹着尾巴到太平公主府上去拜望，俨然成了太平公主的心腹走狗。如此，太平公主掌握朝中大小事情的路子更加广了。

太平公主不仅网罗纯粹的走狗，同时，她也向朝廷推荐一些有才有德的人为官，这也增加了她的威望，比如陆象先。

陆象先是一个很了不起的人物,原名陆景初,苏州吴县人。"庸人自扰"这个成语就来源于陆象先。

原来,陆象先在河东出任按察使时,一次,有名小吏做错了事,陆象先教训了他几句,让他走了。然而一个比那个小吏职位稍高的人看见陆象先没有严惩小吏便不高兴了,说:"依据惯例,他犯这样的错误是要挨板子的,为什么就这样让他走了呢?"

陆象先很是看不上揪着人家一点儿错不放的人,觉得这种人总是唯恐天下不乱,便对他道:"人跟人全是一样的,难道你觉得他没有听懂我的话,一定要挨板子才会好吗?若你说不打不可以,那下一次我先打你!真是天下本无事,庸人自扰之!"

陆象先恬静寡欲,所以非常有人气,像他这样的人也根本不会巴结什么人,更不会去讨好太平公主。说起来太平公主推荐陆象先的事,还有段小插曲。

太平公主有个男宠名叫崔湜,是个爱好写文章的官员,太平公主急于用人,就想将他提拔为宰相。然而,崔湜对太平公主说:"陆象先是一个品行十分高洁的人,人们都想和他交结,以交结他为荣,我最大的愿望就是能和他在一起做官。"

虽然太平公主的行为并不高洁,然而她也愿意跟品行高洁的人交结,这样才可以显出自己的高洁来,同时,也说明自己推荐人才是毫无私心的,都是为了大唐的江山社稷。何况,在她的心里也是希望大唐好的,于是就连同陆象先一起推荐给了皇帝。

陆象先虽然受太平公主推荐,却并不怎么顺着太平公主,有的时候,还会给她找些麻烦,指出她的一些毛病。然而,太平公主却对此表现得很是大度,并不在乎。

她出身帝王之家，父亲、母亲、哥哥都当过皇帝，当然她心胸也是豁达的。不管好歹，陆象先也算是自己的人，他有能力为国家出力，也算给自己脸上增了光。

在对这些人才的推荐上，太平公主真是下足了功夫，在睿宗面前软磨硬泡。像小时候一样，对付这个宽厚恬淡的皇帝哥哥，她这个做小妹妹的最有办法了。

小时候，哥哥李旦的东西，只要是她想要的，李旦没有不给的。如果不给她就会哭、会闹，李旦心一软，无有不从的。

虽然现在太子李隆基监国，然而五品以上官员的任免权依旧在皇帝的手里。很快，宰相班子里有四五位宰相都换成了太平公主的人，还怕他太子李隆基吗？

原来支持李隆基的宰相班子里的姚崇和宋璟都被派去外地当刺史了。韦安石由于总是护持太子，也被太平公主明升暗降调离了宰相之位，当了空有虚名的尚书左仆射，并被派往洛阳去了。还有宰相张说也被委任了一个尚书左丞的职位被派到洛阳去了。如今就剩了一个刘幽求。然而，仅凭刘幽求一个人，怎能斗得过这一群人？就算陆象先正直，不和他斗，也架不住另外那些人呀！

由此，太平公主也就差不多架空了太子李隆基。

转败为胜坐皇位

有一书生名叫王琚，由于曾不满武三思，被迫流亡天涯。李隆基发动先天政变成功后，他又被召回京城，任县里的主簿，是九品小官。此时，太子监国，五品以下的官员皆由太子任免，王琚的官职也是太子任命的。一天，他特来向太子表示感谢，然而却用了非同一般的形式。

王琚来见李隆基的时候，昂首阔步，一副不屑和目空一切的样子，很没有礼貌。带他进来的太监见他这副尊容，心想，今天来的是一个什么样的人呢？就对他说："太子就在帘子里边，还请您尊重一些！"

然而，这个王琚听了太监的话，反而冷冷一笑，说道："谁是太子啊，今日的天下唯有太平公主而已！"

王琚显然是在说，如今太平公主太强大了，太子虽然监国，然而势力比以前反而更弱了，如此对太子很是不利。王琚的眼光很毒，也是故意在试探太子李隆基。李隆基听了，叹了口气说："这又有什么办法呢？"

王琚坦言道："当初韦后将中宗毒死，人心大失，所以也比较容易除去。然而，太平公主就不一样了，以前她一直在武后身边，从武后那里学到了不少本事。她一直都处于不败之地，很难对付，臣真替殿下担忧呀！"

李隆基请他在近前坐下，诚恳地说："父皇的兄弟姊妹，如今就剩下姑母太平公主了，我就是劝说父皇将她除掉，也做不到呀，反而会让父皇伤心。然而，不将她除掉，局面会越来越不好收拾，应该怎么办呢？"

王琚道："君王治理国家，妇人之仁为之大敌，国家稳定，才是主要的。汉昭帝的姐姐从小抚养汉昭帝长大，然而，王子犯法与庶民同罪，汉昭帝还是忍痛将她给诛杀了。为了国家稳定，君王岂能顾及小节？"

李隆基本是具有雄才大略之人，听王琚说出这样的话，很是入耳。于是他就向父皇李旦举荐王琚，晋升王琚为太子詹事府司直。这以后，王琚便成了太子李隆基的心腹谋臣。

此时的太平公主眼看着太子李隆基的亲信都一个一个地被驱除了，心里才稍稍舒服些，但她还记着自己被贬谪蒲州的仇呢，她必须报这一记之仇！

延和元年七月，天空出现了一颗彗星，其大如斗，霍霍燃烧，从天空划过。太平公主见了，心里有些不安。她想：难道天下又有异变了吗？肯定是不利于皇帝哥哥的。此时，她当然不想失去皇帝哥哥这个靠山，也更不想让太子李隆基得势。得马上去提醒皇帝哥哥趁此机会废掉太子。于是，次日便派了一个术士去觐见睿宗李旦。术士道："彗星除旧布新，帝座与心前星都有异象，恐怕太子要当皇帝了。"

这无疑是一个敏感的话题，如果李旦还想当皇帝的话，就必须将太子废掉。而太平公主也认为，哥哥李旦重新登上帝位才两年时间，是不会轻易放弃这个至高无上的帝位的，即使哥哥生性恬淡，他也不会！那结果必定是将太子废掉。

太平公主专等着看侄子李隆基的笑话了，看他如何倒霉。太平公主坐在家里，想着想着，脸上就笑开了花。已经是半老徐娘的她，看着依然还是那么美丽，她的长相和她的年龄真是太不相称了。此时，正值炎夏，一阵轻风吹过，舒服得她像喝了美酒似的。

然而，睿宗李旦根本就不是她想的那样。他听了术士的话后，心里也吓了一大跳，看来自己这个皇帝是当不成了。为了避祸，他当时就说："传位太子，顺应天象，朕这次决定了！"

李旦想，反正早晚传位给太子，不如现在就传位给他吧，还可避免祸端。

术士一听，没想到会适得其反，于是不敢再言，赶紧回去向太平公主报告。

"大事不好了！公主殿下，陛下要传位太子了！"

太平公主根本就没有想到，会出现这一出，在家正等着皇兄灭太子呢，一见术士返回向她颤声报告，"腾"的一下就从葡萄藤下的椅子上弹了起来，两只眼珠子都瞪出来了："什么？"

术士又重复一遍："陛下要传位太子了！"

公主照术士脸上就是狠狠的一巴掌，说："你胡说什么？"

术士捂着脸，害怕地说："真的，殿下，陛下真的要传位太子了！"

太平公主一下子跌坐在藤椅上。只一会儿，又弹了起来，道："备轿！我要进宫！"

太平公主急急火火乘轿子赶到皇宫，见到了皇帝哥哥李旦，还未到跟前，老远就叫道："陛下，您为何会做出如此决定呢？"

她的慌张和睿宗的镇定形成了强烈的反差。睿宗这次真是下定决心了，说："皇妹来是劝说朕的吗？朕意已决，不必再说了。"

太平公主都快要急哭了，说："陛下还未年老，为什么就非要传位呢？"

睿宗说："这皇位嘛，早晚是要传的，朕生性恬淡，你也是知道的，朕只想过安静的生活。"

又说："中宗的时候，群奸当道，上天总是出现异象。那时候，朕就劝中宗挑选一个才德比较好的儿子立为太子，来因应那些异象。谁料，中宗却怀疑朕有什么预谋，吓得朕几天都没有吃好睡好。如今这样的事又轮到朕了，难道过去朕劝人家的时候，心里清楚，轮到自己反倒糊涂了吗？朕意已决，不必再议！"

太平公主还要说什么，李旦已经转身走了。太平公主只好含恨离开。

对于父皇的突然传位，太子李隆基也一下子不能接受：自己正在危机之时，怎么一下子又要当皇帝了？简直就像是做梦一样。这不会是大祸就要来临了吧？

于是，李隆基急忙骑马来到皇宫，又一次坚辞不就，跪在父皇面前哭着不起来。李隆基说："儿臣就立了一点儿小小的功劳，根本不足称道，儿臣连当太子的资格都不够，父皇您为什么这时候要把至高无上的皇位传给儿臣呢？这是儿臣说什么也不敢接受的，还望父皇三思！"

李旦见儿子如此，知道儿子唯恐自己不是真要传位给他，于是就真诚地说道："国家之所以能够再次稳定下来，使朕重登皇位，全赖你的心力和智慧。如今观天象，帝座有祸，所以将皇位传给你，只望你能够转祸为福，你就不要有什么疑心了。你是孝子，难道非要到父皇遇灾驾崩，在灵柩之前即位吗？"

李隆基明白了事情真相，见父皇如此诚心，便不再推辞了，再推辞就是不孝了。一时想想自己从小受到的磨难，长大后又为社稷殚精竭虑，以及当太子期间所受的委屈。往事一幕幕地浮现在脑海，使他口不能言，一腔热泪，奔涌而出，李隆基哭了。

先天元年秋八月庚子，唐睿宗下诏："太子监国已经超过一年，在这一年中，政治清明。朕决定，正式传位给太子李隆基。"

李旦成为了太上皇。李隆基正式登基，即后来的唐玄宗，改元"先天"。这时候，李隆基二十七岁。

势同水火

太平公主见已无力回天，只好退一步，对她的皇帝哥哥李旦苦谏："太子殿下实在是太年轻了，涉世还不深，既然传位于他，就应当再护他一程，现在您还不能完全放权，待他完全成熟，真正坐稳江山之后，再……"

李旦看着太平公主当时的神情，也明白妹妹心里是怎么想的，她一向和太子斗来斗去，她害怕太子一旦完全掌权，会对自己不利，她的荣耀也就尽了。想到这些，李旦心里有些怜惜这个妹妹，他从小就最疼爱这个妹妹。妹妹小时候不但漂亮，而且极为乖巧，聪慧异常，总是跟着他。在这么多兄妹当中，就数他们兄妹俩的感情最好了，即使是成人之后，一直以来也总是和自己共进退……

睿宗甚至都想掉泪，心想：对不起了，小妹，现在国家事大，我们还是先把兄妹之情放在一边吧！何况，不这样，哥哥也难以自保呀！

但仔细想想，妹妹说的也不是没有道理，太子刚当上皇帝，自己还不能完全放权，应当护他一程，待他逐渐懂得这个皇位应当如何去坐，再放手也不迟。

在太平公主的苦谏之下，睿宗终于答应暂不完全放权，决定三品以上的官员任免权仍归自己,其余的事情任由皇帝李隆基斟酌办理。这样,也可以安抚一下妹妹。

自此后,太上皇李旦称朕,命令称诰,每五日在太极殿朝见群臣一次。皇帝李隆基自称予,命令称制,每日于武德殿朝见群臣。

太平公主这样才稍稍安了一下心,舒了一口气,她想,必须抓紧此次机会,调整和加强自己的势力范围,在重要的岗位上安置自己的心腹干将,以待时机。

太平公主心想:"我是不会坐以待毙的,我必须和三郎斗上一斗。别看现如今你当了皇帝,能不能当得久,还要看我太平公主的呢!"

现在,朝中有七个宰相,其中五个都是由太平公主亲手扶持上去的。五个宰相中,有四个是她可以完全信得过的心腹,另外的一个陆象先虽也是她提拔上去的,但人家自命清高,不会专为她太平公主服务。还有两位不是她扶持的,分别是郭元振、魏知古。文武百官大部分也都依附于太平公主,都知道如今的天下,太平公主的势力盖过了皇帝李隆基。

就是当初李隆基发动政变时候的大谋士、大功臣刘幽求,也被太平公主从宰相的位置上给踢了下去。

李隆基虽然当了皇帝,然而,当了皇帝却被架空,更加让人难熬、心里难过,就像是空欢喜了一场,也像是把一个人放在火上烤。有志气的人绝不会在这样的境遇里长久忍耐下去,光是跟着李隆基发动过政变的那些功臣就耐不住性子了。

特别是前宰相刘幽求,当初政变的时候,就是李隆基的主要谋臣。如今政变成功了,太平公主却得了势,太子虽然当了皇帝,也像是空架子一样,没有实权。

刘幽求暗气暗憋,仔细想想,还是得再次发动政变才行,不这样,怎么翻得了身？何况他平日里看太平公主一派的宰相整天嘀嘀咕咕的，心里也不舒服。他想，即使自己不动，也早晚会被这些人挤出局的。

这时候，刘幽求便约好了张暐。

此时的张暐已经被皇帝李隆基任命为右羽林军的将军了。张暐听刘幽求这个大谋士一说，也有了同感，想要为当今皇帝做点什么，于是当下与刘幽求计议一番。然后，张暐就去找皇帝李隆基。他对李隆基说："陛下，像那窦怀贞、崔湜和岑羲等都是因为太平公主的提拔才上来的，他们这些人图谋不轨。如果不早些将他们除掉，万一他们起事，就会危害到太上皇，还是尽快把他们这些人除掉为好。臣已经和刘幽求商量好了计策，就等陛下您一声令下了。"

李隆基听了，也点头，觉得应当如此。遂令张暐代他向刘幽求表示感谢，说他们一心为国，皇上很欣慰。

可是，李隆基此时在心理上还没一点儿准备。没有一点儿准备是难以下此命令的，便对张暐说："卿可回去跟刘幽求再商酌商酌，此事重大，需慎重！"

于是，张暐领旨而去。

哪知，张暐行事不秘。这一段时间，他和侍御史邓光宾走得很近，很快便将此事泄露给了邓光宾。如此，事情就不止一个人知道了，计划根本无法再进行下去了。

太平公主也很快得到了消息，真是又惊又喜，当下就准备马上查实，然后去太上皇那里告发皇帝李隆基，一举将他废掉。

李隆基是多机灵的一个人呀，一边生张暐的气，说他不堪大用，一边抢在太平公主的前面去找了太上皇。他向太上皇奏道："父皇，宰相刘幽求和右羽林军的将军张暐离间儿臣和姑母太平公主的骨肉亲情，儿臣请求将此二人罢职下狱！"

对于此事，太上皇李旦当然很生气，既然当皇帝的儿子自己奏上来了，便未加多言，就把刘幽求和张暐二人打入了大牢。

太平公主对此还是恨恨不平：算你李三郎精明，这次又没将你拉下马，不过等着瞧吧！太平公主对哥哥李旦说："陛下，此二人挑拨皇室之间的关系，罪应当诛！"

于是，李旦又下令诛杀二人。李隆基获悉这个消息后，心中大惊，这可不是他要的结果——将自己的股肱之臣诛杀了，自己的势力就更加单薄了。于是赶紧去求太上皇，对太上皇说："父皇，刘幽求和张暐二人虽犯了大罪，然而在诛灭韦氏的时候，他们是立有大功的，不可就此将二人杀了呀！还是找个地方将他们流放了吧！"

于是，太上皇又下诰将此二人流放岭南。

然而，流放了刘幽求二人之后，太上皇心里还是有气：自从母亲当皇帝以来，我们李家死了多少人，难道你还想杀死你的亲姑母吗？李旦有心放下，可还是放不下。因为有太平公主在一旁鼓捣。太平公主说："太上皇，这件事之所以发生，皇帝必然有脱不开的关系，看来我们的皇帝还是不够成熟，缺乏锻炼呀！"

李旦也无奈，点头说："三郎办了许多大事，也监国一年多，够成熟了，谁想做事还是这么让人不放心！"

太平公主说："那就让他出去锻炼锻炼，再长长见识吧。这样也许对他以后治国会更有好处。"

李旦听到这里，没有说话，他知道妹妹的意思。

然而，李旦也有李旦的想法，最终在先天元年十一月下诰，让皇帝李隆基离开都城长安，到边疆巡视。

李隆基接到诰命，魂都吓下飞了，这可真要了他的命了，到父皇面前哭诉，哀求也无用了。他和他的手下都认为此行定然是凶多吉少，他一离京，这皇位也就不属于他了。而自古以来，被废的皇帝，下场都非常可悲的。

然而，李旦任凭李隆基怎么哀求都无动于衷，他就是要给李隆基一些教训！

此时，最得意的当然是太平公主了。她就等着李隆基离开京城呢！

然而，李隆基还未离京，两个月后，太上皇又将皇帝出巡的日期推迟到了当年八月。

这让太平公主开始有些着急了，皇兄到底是怎么回事呢？到底他们是父子，割舍不得的！

如此，就给了李隆基挽回败局的时间。政变可以说是势在必行，而且是非常紧迫的。他担心这样下去，就算到时候不出巡，说不定什么时候也会被人从皇位上拉下来。

先天二年的六月，前后有三个非常重要的谋臣给李隆基出主意，要他赶紧行动。

首先是王琚，他对李隆基说："陛下，事情非常紧迫，此时应当加速进程！"

其次是被贬洛阳的尚书左丞张说，他命人自洛阳专门送来一把刀给皇帝，可什么话也没有说，但意思其实已经很明白了，那就是：马上和太平公主刀枪相见，真要到出巡那一天，黄花菜都凉了！

被贬到荆州当长史的崔日用回京办差，也秘密对李隆基说："陛下原先是太子，要想对付太平公主，还需用谋、用力，如今已经是天子了，只需下一道制书就可以了，哪个敢不服气？如今太平公主也在加紧行动，不会等太长的时间就会有所行动。要是她先动手，我们就来不及了。"

李隆基道："爱卿说的这些都非常正确，可是，如此做，予害怕会危及太上皇,该当如何?"

崔日用说:"君王的孝顺最重要的是国家安定。如果太平公主先行动,并且成功了,她夺了天下,那就是陛下您的不孝了。陛下要是先稳住北军,然后再捕逆党,太上皇就会无虞了。"

李隆基觉得崔日用说得很对,便请求太上皇任命他为吏部侍郎。

太平公主之死

此时的太平公主也开始行动了。这个重要而可靠的消息是宰相魏知古报给皇帝李隆基的。

这个魏知古，说起来既不是皇帝李隆基这边的人，也不是太平公主那边的人，他是太上皇的人。他是李旦当相王时候的故吏，李旦登基之后，他才当上了宰相，所以一心忠于太上皇，属于中立派。他和李隆基、太平公主两派都能和平相处，也因此两边的消息都知道。不过他既然是太上皇的人，太上皇是一心为江山社稷的，这魏知古也就相对来说，倾向于李隆基这一边，因为李隆基是皇帝呀，以后他还是要跟着皇帝干的，不可能跟着太上皇一辈子。

这一天，魏知古从太平公主的亲信那里无意间得到一个情报：太平公主要发动政变了，日子都已经确定好了，就是七月初四！

作为宰相的他，心里一下子紧张了，这可是关乎国家的大事呀！也决定了他最后要表态站在哪一方。他想：自己今后总不能跟着太平公主干吧？太平公主又不能当皇帝！即使她想当皇帝，魏知古也不愿意跟着她，因为女人再强，即使当了皇帝也还是会被男人所取代的，像武则天一样。

他想：当今的李隆基是一个很英明的皇帝，那么年轻就干成了许多大事，日后必会有大作为的。于是，他决定即刻将这一重大消息上报给皇帝李隆基。他又想：如果现在不上报，日后自己也担着责任呢！作为宰相，知情不报，他这宰相还能当吗？还能在这个朝廷里混下去吗？

所以，他马上向皇帝李隆基上报！

听了魏知古的密报，李隆基心里也是吃了一惊：多亏了老丞相！要不然，如果落在太平公主后面，那就完了。于是，他决定抢在太平公主前头即刻发动政变，制服他们。

这是不用多想的事，这是不是你死就是我亡的关键时刻！

李隆基是个聪明人，上次太子李重俊发动政变失败了，造成了很严重的后果，因此此次行动他也就吸取了那次的教训。他亲自坐镇指挥，审慎用人，行动严密。他在心里先是默想了一个名单，最亲的人有：弟弟李隆范和李隆业，他的大舅哥王守一；他身边最亲近、最信得过的有王毛仲、李宜德，还有太监高力士。

说起这高力士，在唐朝历史上可是鼎鼎大名的人物，唐玄宗一辈子的得力助手。

高力士，其实并不姓高，也不叫高力士，他本名叫冯元一，有着一个坎坷不平的苦身世。

冯元一的父亲名叫冯君衡，曾任潘州刺史，武周长寿二年（693年），武则天以岭南流人谋反为由，借监察御史万国俊之手制造冤狱，死者达三千四百多人；延载元年（694年）十月，武则天又以当地的獠人反叛为由，族诛名士三十六家。这两次斗争虽未直接打击到冯家，但冯家在岭南的枝叶却被消灭殆尽。冯氏家族岌岌可危，于是冯家铤而走险，举兵反叛朝廷。朝廷立即派兵镇压，冯家寡不敌众，很快就失败了。

冯家就这样完了，幸好还有他的母亲麦氏。麦氏的娘家也曾经是一个显赫的大家族,麦氏的爷爷就是隋朝时期的大将军麦铁杖。然而,此时,就是麦铁杖也不管用了,何况他人也早已经不在了。此时麦铁杖的孙女麦氏失了丈夫,带着三个儿女回到娘家。娘家人也都不待见他们,因为女婿冯君衡是犯法被抄家处斩的,他们都害怕受到牵连。

麦氏和子女艰难度日。一个女人家又有何办法呢?麦氏终日以泪洗面,看着瘦得像小猴儿一样的三个子女,心疼欲死……

母子几人终于起身离开了麦家,自己寻活路去了。人在难处到处都是难,办什么事都不容易,想当初自己家的荣光……世情凉薄啊!

到了外面,自然更是艰难,常常是连遮风避雨的窝棚也找不到,吃饭也是东家要西家讨。麦氏见养不活孩子,就流泪让他们自己去找寻活路了。她搂着最小的儿子冯元一亲了又亲,那情景真是割心割肺的。她对小儿子说道:"我的孩子呀,我把你生下来,却不能养活你。如今咱家遭了大难,不知以后还能不能相见,你可要牢牢地记住你的前胸有黑痣七颗,此是富贵之相,以后要是为娘不死,还能与你见面,就以此为证据,你可一定要牢牢记住呀!"

然后,母亲又从怀中掏出一对金环,自己留下一只,另一只给了这个小儿子。

自此后,小小的冯元一就一个人在世间流浪,想办法填饱肚子生存下去。

在流浪时,冯元一碰上了一伙人贩子,将他给卖了出去,又被阉割了,七卖八卖,卖到了岭南讨击使李千里手里。到了李千里手里之后,李千里给他改了个名字,叫他冯力士。李千里将冯力士作为贡品献给了女皇武则天。冯力士出身于官宦人家,自然和一般人家的子弟不同。他很是聪明能干,又会揣摩圣意,很受武则天的喜爱,很快便成了武则天的贴身内侍。

那时候,武则天的男宠是张易之和张昌宗兄弟两个。他们兄弟权势熏天,飞扬跋扈。有一天,冯力士到他们的府内办事,他们对冯力士不但骂,还打,最后竟把冯力士踢出了后宫。

冯力士在街上又重新开始了以前的流浪生活。一天，遇见了太监高延福，就被高延福领了回去，从此做了高延福的干儿子，姓也改为高姓。

高延福本是武三思的亲信，从此后高力士便经常出入武三思的家，跟许多上层人士相熟。武三思对他的印象也非常不错，一年后，便又向武则天推荐高力士，于是，高力士又回到了武则天的身边。此时的高力士已经长大。

他身材魁梧，面相也不同凡俗，若不是身为太监，女人见了他都会喜欢得不得了。且他很会办事，对武则天交代的事很是尽心尽责，又善于揣摩武则天的心思，很能上传下达。武则天心中自是喜欢，便把高力士任命为宫闱丞。

后来朝政纷乱变迁，李隆基和高力士有了交往。高力士觉得李隆基这个年轻的王爷精明强干，以后必成大事，于是也积极建言献策，给李隆基传递宫中的情报。李隆基当然是最需要了解宫内的情况了。

李旦重新当了皇帝之后，李隆基就将高力士调到了自己的东宫，任命他为朝散大夫、内给事。这以后，高力士就成了李隆基最信得过的宫廷内官。

后来，太平公主密令人在皇帝李隆基饮用的赤箭粉（天麻）里下毒，被高力士给及时发现了。高力士对皇帝李隆基的生命安危非常上心，他命几名忠诚的太监对皇帝的饮食严加监管，每事必亲自过问。他也曾秘密对皇帝说："如此局势，还是先下手为强！"

李隆基这次发动铲除太平公主势力的政变，所用人员，都是自己十分信得过的人。

先天二年七月初三晚上，群星闪动，月似弯刀。皇帝李隆基与龙武将军王毛仲、内给事高力士数十人带领着三百名骑兵像平常一样来到武德殿，进入禁军的驻地虔化门，偷偷地埋伏了下来。

李隆基以皇帝的名义召见常元楷、李慈二人，此二人都是太平公主的心腹。此时，这二人还不知道有埋伏呢，像平时一样急急忙忙地来了。没想到，他们两个刚迈过门槛，王毛仲的快刀一闪，两人甚至没吭一声，头颅就滚落到了地上。

然后，李隆基按计划分兵突入内客省，把贾膺福、李猷、萧至忠和岑羲诸人全部斩于朝堂之上。

一时百官皆惊，可哪个又敢动一动？有庆幸的，有幸灾乐祸的，也有害怕的。窦怀贞逃跑后，也无处可去，知道难逃一死，又不愿回来受死，就自己上吊了。

迅速地解决了这些人后，李隆基便要去找太上皇讨旨诛杀逆党之首太平公主。他想：父皇见事已至此，便会顺水推舟了吧。

太上皇李旦听说自己的儿子发动了政变，吓得赶紧逃窜，身边保护他的是宰相郭元振。

这个郭元振，不但是位宰相，还是一位十分富有传奇色彩的大将军。他是武则天时期开始踏上仕途的，最先当的是一名小县尉。然而这个小县尉他却当得很是糟糕，整天不问公事。他还到处掠夺治内百姓，将他们绑起来送给朋友当奴仆。武则天知道后，大为震怒，然而又觉得奇怪，于是便召他来见，准备将他治罪。

没想到，武则天一和这郭元振交谈才发现，让这个郭元振当一名小县尉真是屈才了。她发现郭元振谈吐不俗，是个落拓不羁的伟丈夫，不但非常讲义气，还很有胆量。

于是就马上下令让郭元振当了将军。果不其然，这个郭元振当了将军后，于西北战场、北方边疆屡建奇功，威名赫赫。对于郭元振，李旦也很是欣赏，当李旦再次登上帝位的时候，就任命他为宰相，同时任命他为兵部尚书，让他管理军队。李旦这么提拔、重用他，他自然也是忠于李旦的，在朝中也自然算是太上皇李旦的人了。然而，郭元振也同时看好皇帝李隆基，这一点和魏知古一样。

此时，郭元振来到承天门楼上保护太上皇，唯恐太上皇有什么闪失。郭元振见太上皇十分惊慌，就安慰太上皇说："皇上是奉太上皇您的诰命诛杀逆臣窦怀贞等人的，太上皇不必惊慌！"

太上皇听了此言，心里才稍稍安定了下来。事已至此，也只好顺其自然了，看来我儿三郎真是长大了，完全能够执掌天下了，自己是老了，无用了！李旦想到这里，心里又痛惜自己的妹妹太平公主，自己一向是疼爱这个小妹妹的，总是迁就于她，可没想到……唉！

仅过了一会儿，皇帝李隆基就来了，参见太上皇后，禀明说："逆党意欲作乱，想致儿臣于死地，儿臣不得已而为之，只是不孝，让父皇受惊了。"

太上皇这时候彻底放权了，一切任由儿子李隆基处理。翌日，太上皇告曰："朕将高居无为，自今后，军国刑政一事以上，并取皇帝处分。"

随即，太上皇搬到了百福殿居住。

这下，李隆基办什么事都无忧了，不用害怕什么人来夺权了。

太平公主闻变，仓皇逃到南山寺中。原是想隐藏起来，到了南山寺之后，感觉此地也躲藏不住。果然，不久王毛仲和高力士就带兵追来了，团团包围了南山寺。

高力士向里面喊道："公主殿下，快出来跟我们回去吧，陛下还等我们回去呢！您放心，我们会好好保护公主的！"

太平公主说："高公公也是跟了我母后那么久的人，母后对你可是有大恩的呀！怎么你也来抓我？"

高力士说："奴才不敢抓公主，只是奉了陛下的圣命请公主回去！"

太公公主长叹一声，落到如此下场，看来自己这次是真的完了。最终公主还是自己开门走了出来，高力士自然不敢绑她，依旧让她上了轿子，抬她回到了公主府，"保护"了起来。

高力士和王毛仲回宫复命。

李隆基犹豫了一下，还是下旨，赐她一丈白绫，让她自己了断。

他不想杀自己的亲姑母，在诛灭韦后之前，姑母一直对自己不错，自己也总是对姑母有依赖心理。然而，又有什么办法呢？政治是残酷的，不是你死就是我活。为了江山稳定，也为了今后皇室不再有这样的杀戮，姑母你就牺牲了吧！

就这样，政变三日后，太平公主在她府内用一丈白绫悬梁自尽了。太平公主以彻底失败而告终。

太平公主的儿子，除了薛崇简因总是反对自己的母亲参与朝政而被赦免之外，其余的全都押赴刑场处死。还有太平公主的党羽数十人也都被送上了刑场。太平公主的全部家当也被抄没，财宝堆积如山。

太平公主的男宠崔湜没有被处死，只是被皇帝贬到了窦州。然而在审讯宫女元氏的时候，元氏说："是崔湜命我用毒药害陛下的。"

结果，崔湜在流放窦州的途中，被唐玄宗下旨赐死。

这一年，皇帝李隆基二十九岁，就像是红彤彤的骄阳从东方真正升起了。

谁能担当大任

李隆基除去太平公主后，才觉得自己是真正的皇帝了，皇帝应当拥有的权力，此时自己全拥有了，完全可以施展手脚大干一场了。

李隆基从小就有一个宏大的梦想，那就是再回到原来的盛世当中去，再创建一个繁荣昌盛的盛世！现在他就站在这个起跑线上了，回望过去，既有惊恐，又有惊喜。惊恐的是亲人都一个个地死去了，惊喜的是自己拥有了眼下的一切，可以大展宏图了！

当然，实现宏图大业，不能只依靠皇帝一人，手下还必须要有一帮得力干将。而在李隆基心目中，此时最得力的干将就是跟着他两次发动政变的那些人了。功劳越大，他就越觉得得力，封的官也就越大。

他首先想到的是没有参加此次政变却为发动此次政变而遭贬的刘幽求与得罪了太平公主而遭贬的张说两个人。他们两个都是李隆基心目中最得力的干将、大谋士，所以得对他们两个做些补偿才是。因此，李隆基马上将他们从地方调到了中央。加封刘幽求为徐国公，还任命他当了尚书右仆射，同中书门下三品。同中书门下三品是为了显示宰相的身份，在官阶的前面加称同中书门下三品，或中书门下同平章事。加封张说为燕国公，拜中书令。

此次政变的其他重要谋士，如王琚和姜皎等，也都很突出，虽然没有官拜宰相，但能够参与大政。

这些人中，张说是李隆基的旧臣，当过宰相，又在地方上锻炼过。但其他人都是新提拔的官员，根本不懂朝廷的事，也没有在中央从政的经验，对于治国，更是差得远。

因此，仅过了三个月，李隆基就感觉到，这些人在上面掌握朝廷大权，难以使国家长远发展。并且，由于当初在发动政变前后形成的结党风气此时还没有改变过来，所以他们总是喜欢结成小团体。李隆基心里总是不舒服，皇帝是最忌讳臣子结党的，如此对君主集权根本没有好处。

李隆基想让国家迅速转入正轨，因此对这些人逐渐产生了担忧，后担忧变成了不满。他想：必须得调整一下了，这样下去可不行。应当另选能人，让这些从下面上来的功臣还是再到地方上锻炼锻炼。

他想到了一个人，这个人就是原来的宰相、现在在地方上任职的老臣姚崇。

姚崇，本名元崇，出身于仕宦大家。他的父亲姚懿曾经是嶲州都督。姚崇自小就是一个大大咧咧、不拘小节的人，成人之后走科举之路当了官。天授年间，女皇武则天宠信来俊臣等酷吏，一时间酷吏横行，而姚崇理案量刑极为公正，使不少遭受冤屈之人获得拯救。

那时候，契丹派兵向河北进击，情况很是紧急，姚崇立即上书武则天，剖析细致、深透，逻辑严密，提出了很有效的抗击策略，武则天大为惊喜，赞道："真是不可多得的人才呀！"

遂被破格提拔为夏官侍郎。

武则天在重用来俊臣等酷吏的时候，朝野上下每一个人都很害怕，感觉自己随时有可能会被突然抓起来受那酷刑。姚崇向武则天谏言说："自垂拱以来，被告而身死甚至家破的人都是在酷吏的严刑之下自诬而死的。控告之人总是以此为功，此类人罗织罪行之事，比汉朝的党锢更甚。"

武则天道："你有什么好办法？"

姚崇道："恳请陛下从今以后若再收到这样的状子，就不要进行追究了！"

武则天沉思不语。

姚崇又进一步道："臣愿以全家老小的性命来作保，若依臣言误了国家，可斩臣的全家老小！"

武则天听姚崇如此说，心中大为欣慰，说道："原先的宰相向来不对朕说这些事，让朕陷于滥施刑罚的不义旋涡，今听姚爱卿一席话，可见爱卿忧国忧民之心，大合朕之心意。"

随即赏赐姚崇一千两白银。

姚崇在长安四年（704年），因家母年老身体不好，回家侍奉母亲。一个多月之后，武则天诏令姚崇兼夏官尚书与同凤阁鸾台三品。姚崇向女皇上书说："现在臣侍奉相王殿下，夏官乃是对军队进行管理的官职，臣不能在对相王殿下进行侍奉的同时，再统领国家的军队。此并非臣贪生怕死，而是如此做，对相王殿下有所不适。"

武则天闻言，便道："如此说来，那卿就任春官尚书吧！"

姚崇遵旨。姚崇为官刚正，不畏权。

武则天的男宠张易之，横行霸道，他想把京城里一些著名的僧人都迁至河北定州的佛寺内。然而，姚崇就是不同意，命令停止。张易之屡屡请姚崇看他薄面，网开一面，然而，姚崇就是不答应。从此后，张易之就记恨上了姚崇，总是给武则天吹枕边风，说姚崇的坏话。说多了，武则天便对姚崇有了意见，逐渐产生了不满情绪，于是被武则天贬为司仆寺卿，但仍保留宰相头衔。九月，姚崇出镇灵武，充任灵武道行军大总管。

在姚崇赴任之前，武则天问他："卿此去，朝中就少了一个能够担当大任的宰相了，卿以为谁可以担当呢？"

姚崇回答道："张柬之沉厚有谋，可以决断大事，能够担大任！"

这样，在姚崇走了之后，张柬之就进了宰相的班子，代姚崇行使权力。

神龙元年，姚崇因事到京，就在这个时候，姚崇和张柬之、太平公主等趁武则天重病的机会将张易之兄弟给诛杀了，然后逼武则天让位给李显。李显登基之后，再次拜姚崇为相。

然而，姚崇并没有表现得多么高兴。武则天退位，迁居上阳宫之后，满朝文武无不兴奋，心想终于重回李唐天下了！大周将永远不复存在了。姚崇却哭了。

张柬之很是惊奇，问道："此次政变的发动者不是也有姚宰相您吗？您怎么哭了？不会是怀念旧朝吧？您千万不要现在哭泣，会给您带来灾祸的。"

姚崇哭着回答道："张公和我共同诛杀张易之兄弟，是为臣的应当应分，不可邀功，然而如今要与侍奉了多年的女皇分开了，我内心感到非常不好受。若这样获了罪，我也是甘愿的。"

果然，没过多长时间，姚崇遭贬，到地方上当刺史去了。

可见姚崇这个人乃是至情至性之人。

后来，李旦登基，姚崇又当了宰相。

如今，李隆基又想到了姚崇这个人。

姚崇十事要说

李隆基想要起用姚崇,既然心中有了这样的想法,便会在平时的言谈举止中流露出来。他动不动就问到姚崇、说到姚崇,如此一来,别人怎么会看不出来?这就弄得那些刚被提拔起来不久的政变功臣担惊受怕了,特别是宰相张说。

张说是他们当中最为敏感的一个人。他心想:看情形,陛下是想让姚崇回来当宰相。这是他所不愿意的,因为他觉得姚崇各方面的能力都比自己强,他是没法跟人家比的。如今自己是首席宰相,姚崇一回来,自己以后办什么事情都会感觉别扭。应当如何处理这件棘手的事情呢?得想个办法,不让姚崇入朝当宰相才行。可是总不能直接对陛下陈说这样的事吧。

这张说是一个非常有心计的人,他想到了一个人。这个人就是姜皎。张说心里明白,姜皎平时和陛下关系最好,感情也最深。他们两个在少年时就是好朋友,李隆基当了皇帝后,姜皎也还是在宫里混,也用不着避什么嫌。有时候,他还能跟李隆基的那些娘娘在一张桌子上吃饭,甚至是同坐在一张龙床上。

于是,聪明的张说便找到了姜皎,对姜皎说:"如今的大唐天下,是我们这些人拼着性命发动政变得来的,执掌朝政的也应当是我们这些人才对,凭什么让姚崇回来当宰相?如今陛下就一心想让姚崇回来当宰相。像他这样和我们不是一条心的人,我们不应让他当宰相。"

姜皎说:"是呀,天下是我们这些人打下的,凭什么让别人来坐?可是如今陛下心向姚崇,咱们又有什么办法呢?"

张说道:"我有个办法,你去劝说陛下。"

姜皎说:"如何劝说?"

张说道:"我给你出一计,陛下必然不会有什么怀疑。你可……大事就定矣!"

姜皎听了心里一阵欢喜,觉得完全可以一试。于是,次日他便去宫里找李隆基。

姜皎真诚地对李隆基说:"陛下,这一段时间您不是总想物色一名有能力的官员去河东任总管吗?臣也在心里替您琢磨呢。昨天晚上,臣突然想到了一个人,感觉他最为合适了。"

李隆基听了,心里很是高兴,说:"爱卿所说何人?"

姜皎说:"臣觉得姚崇去最合适,他文武全能,完全能够当好这个河东总管。"

李隆基听了心里很是不痛快,暗道:朕想让他回来担当大任,出任宰相,你却……遂恼怒道:"这必然不是你的主意,肯定是张说的主意!姜皎,你竟敢糊弄朕!"

皇帝一发威,姜皎心虚了,忙跪倒在地,老老实实交代:"陛下英明,什么都瞒不过陛下的眼睛。的确是张说让臣如此说的,臣以后再也不敢了!"

李隆基于此事上便对张说有了意见,身为宰相,只顾私利,不顾大局,不懂为君分忧,如此之人,怎能与朕一起干大事!

李隆基知道，让姚崇为相，许多人不会同意，他们会千方百计地阻挠，必须想个办法解决才行。

李隆基想要震慑一下这些人，让他们知道厉害，于是宣布要在十月举行一次阅兵仪式，时间就定在十月十三。

十月十三那天，二十万军队集结骊山脚下，军旗飘飘，队列沿着渭水一字排开，排了足有五十里地那么长。战鼓隆隆，军士都很来精神，仿佛又回到了战场。自从武则天执政以来，宫廷斗争不断，人人争权夺利，几番皇帝更替、权柄易手，好长时间没有这样振奋人心的场面了，好长时间没有举行过这样浩大的阅兵仪式了。

李隆基骑马提枪，站在军前，显得分外威武。接着李隆基亲自擂鼓，号令士兵，更是激动人心。

然而，军队还是显得凌乱不堪，这使得李隆基大为恼火，军队是国家安全的保障，如此凌乱，怎么打仗？他当即传令："把郭元振给朕带来！"

这次阅兵之帅就是原来的宰相、在此次政变中立了大功的郭元振。郭元振惊慌失措地来拜见李隆基。

李隆基训斥道："你是如何带兵的？如此混乱不堪的军队，如何能够打仗？给我拉出去枭首示众！"

郭元振吓傻了：这就要杀了自己吗？在场的所有人脸上都变了颜色，心里颤抖：怎么能如此轻易地就斩杀有功之臣呢？

刘幽求和张说慌忙向李隆基求情道："陛下，斩不得呀，郭元振是为国家立了大功的，还望陛下手下留情！"

李隆基对于这些心里自然是有数的，便道："既然刘爱卿和张爱卿求情，就免他一死吧，下次再犯，定斩不饶！"

郭元振捡回了一条性命，吓得浑身直冒冷汗，忙跪下谢恩，又谢了刘、张两位宰相。

李隆基说:"虽然死罪可免,但活罪难饶!留你一条性命,流放新州去吧!"

郭元振叩头谢恩。

李隆基觉得,还不能就此算完,今天必须杀一个人。杀谁呢?那就找一个不重要的人杀吧!

于是,他又逮住了一个叫唐绍的人。这个唐绍是这次阅兵负责礼仪的指挥使。李隆基说道:"军容礼仪这么差,都是你这指挥使玩忽职守,拿治理军队当儿戏所致,今日定斩不饶!"

那些功臣也明白,这次是保不住此人了,所以也没有强保。这样,唐绍便被推出去砍了脑袋。

此次阅兵,首先流放了朝中的重要人物郭元振,又杀了唐绍。当然,那些功臣心里也都是一惊,看来以后要谨慎了,功臣又怎么着?看看今天……

杀了唐绍之后,阅兵继续进行,然而,效果并没有见好。不过,李隆基也没再责备,今天他的主要目的不是阅兵,对于军队他心里有数,他的目的就是要震慑一些人,让他们收敛一点!

阅完兵的次日,李隆基又要在骊山脚下的渭川打猎。这次打猎,他要谈正事。他想,刚刚震慑完那些忘乎所以的人,此事再也不会有人千方百计地阻拦了。这时候的姚崇正在同州担任刺史。皇帝一打猎,这个地方方圆三百里的官员都会来侍奉,这样,他就可以见到姚崇了。任用姚崇的事还没有确定,他要趁此机会和姚崇好好沟通沟通。

李隆基和姚崇一见面,李隆基便亲热地问姚崇道:"姚爱卿可会打猎?"

由于这不是正式场合,姚崇也比较随意,他说道:"臣不但会,而且非常会。不瞒万岁说,臣少年时不求上进,只爱玩乐,对打猎这种事那真是太精通了。"

李隆基笑了，没想到，姚崇还有如此经历，真是头一次听说。

姚崇继续说道："臣二十岁的时候，家住在广成泽，那时候，成天就爱带着猎鹰去打猎。后来遇到一个老先生，他对臣道：'你将来可是出将入相的人物呀，怎么能将自己的光阴这样虚度呢？'臣听了后幡然醒悟，于是潜心向学。果真如老先生所言，臣真的出将入相了。要说这打猎呢，请陛下不要觉得臣如今老了，打猎肯定不行。今天陛下请看看，臣绝对不会输给谁！"

李隆基说："好，今天就看看姚爱卿打猎的本领到底如何！——老先生肯定是位神仙，他后来怎样了？"

姚崇说："那老先生，后来臣就没再见过他，谁知道他云游哪里去了！也可能像陛下所说，是位未卜先知的神仙。"

李隆基说："朕要是有朝一日能见到老神仙就好了！"

于是俩人都笑了。

打猎开始后，姚崇也真是不含糊。如他所言，腾挪跳跃、身体矫健，绝对不像是六十多岁的人，再看他打猎的技术，也绝对是一流的：该出击的时候出击，该潜伏的时候潜伏，机会把握得非常到位，与其他人也配合得也非常好。

李隆基见此，很是欢喜：这姚崇身体健康，精力旺盛，正是朕要找的治世能臣呀！

李隆基下定了决心，一定要任用姚崇为相，除了此人，天下还有谁能担此重任呢？他一刻也不想再耽搁了，当下就对姚崇说道："朕在这次打猎以前，好长时间都没有看见过姚爱卿了，朕心里有好多话想和姚爱卿说。姚爱卿，你就跟着宰相一起走吧，这样，我们可以距离近一些，说话方便。"

然而，说着话却发现姚崇不见了。向后看，还是不见他。原来，姚崇远远落在后面了。

李隆基立刻停了下来等着姚崇，待姚崇近了，就问道："姚爱卿怎么就落在后边了，朕不是让你和宰相一起走吗？"

姚崇说："臣职位卑微，不敢与宰相一起走呀！"

李隆基一听此言，便笑了，心里想：姚崇这是在向自己讨官呢！于是就说："好，朕现在就升你为兵部尚书、同中书门下三品。"

在场的人都知道，这原来是郭元振的官职，郭元振不在了，正好给姚崇。然而，姚崇并没有谢恩。没有谢恩，就表示不接受，不高兴当这个官。这可是一品宰相呀，于是，李隆基就问他："难道姚爱卿嫌官小吗？"

姚崇闻言，赶紧跪下叩头说："臣哪里敢嫌官小，只是臣有十件事要讲，陛下若能听从这十件事，臣愿就此官，不然，臣实不敢从命！"

李隆基说道："姚爱卿有什么话，尽管讲来，朕听着呢！"

姚崇见年轻的皇帝诚心倾听，也很是满意，想今日方是真正遇到明君了，就坦诚地说道："第一件事是，自打武后为政，朝廷就总是施行严刑峻法。臣如今请求陛下以后施政先行仁义，陛下您看呢？"

李隆基说："此恰是朕要姚爱卿做的事呀！有何不可？"

姚崇说："第二事，如今国力有限，难经折腾，臣请求我大唐数十年内不开疆拓土，不主动发动战争。"

李隆基心想此话很对，便说："好，朕也明白现在的国力和现实状况，不能发动战争。"

姚崇说："原先女主临朝，太监上传下达，势力相当大，也是个隐患，臣请求，此后不让太监参与政事，可好？"

李隆基从小住在深宫，非常了解太监的那些行为，便说："太监参政，祸国殃民，朕是知道的，以后不让他们参与政事了。"

以上三事，是姚崇为官从政以来对朝廷皇权的深刻反省，目的是要加强皇权，稳定政局，不准那些旁逸斜出的势力干扰皇权。这些同样也是李隆基时常思考的事。那么，为何武则天以来国家如此不稳定呢？浅层次地看，好像是因为女人，其实，最重要的是皇权不振造成的。史家言："山有猛虎，兽不敢窥。"恰是由于皇权的疲软，才使女后、宗室和外戚以及对国家有过功劳的人飞扬跋扈。而女后、宗室、外戚和有过功劳的人参政，又会令皇权更加削弱。

姚崇说："第四事，从武后当政以来，武家的人便开始参与政事。此后，韦皇后、安乐公主、太平公主一个接一个地揽权，官吏的任免就更加混乱了。臣请求从今之后，皇亲国戚别再充任重要官职，至于斜封官、员外官这些来路不明的没有用的闲官，全部罢免。可否？"

此时的皇帝李隆基有感于姚崇的忠心，听得很是投入，连忙答道："朕早就觉得这些官员干不成什么事，还总是坏事，将他们全部罢免，也是朕的心愿！"

姚崇说："第五事，近来不少有功之臣纵然是犯了法，也总是得以赦免，臣请求陛下，王子犯法，与庶民同罪，如此可好？"

李隆基说："此也是朕所愿，还望爱卿以后鼎力辅助！"

姚崇说："第六事，过去，宗室与外戚争着为皇帝进贡各类珍宝，此种风气一旦蔓延开来，各级官吏会争相效仿。他们从何处得来的这些珍宝？还不是从老百姓那里搜刮来的。所以，臣在此请求，除了国家的赋税之外，就不要再收其他贡品了。"

李隆基从小的志向，就是民富国强，国泰民安，他胸怀高远，哪会希罕这些进贡来的东西？于是，他心潮澎湃地说："这个朕当然愿意，人民不富裕，哪会有什么天下太平？"

姚崇说："第七事，武后建造了福先寺，中宗皇帝建造了圣善寺，当今太上皇又建造了金仙观和玉真观，这些全都是劳民伤财的大工程。臣请求，别再建造这些没有实际意义的宫殿与宫观了,愿陛下恩准!"

李隆基道:"朕每次看见姚爱卿说的这些宫观建筑,心里就不自在,如何会再去建造这些东西呢?姚爱卿大可放心。"

姚崇说:"第八事,过去的几位皇帝对大臣没有足够的尊重,臣请求陛下,要以礼相待,可好?"

李隆基说:"大臣是社稷栋梁,本应如此呀!朕以后要是做得不够好,姚爱卿可以随时提出来,朕定会加以改正。"

姚崇说:"谢陛下!"

姚崇又说:"第九事,过去一些大臣因向皇帝谏言而获罪,这样,哪个大臣还敢向皇帝说真话、为国家尽忠呢?臣在此请求陛下恩准以后大臣都可以向皇帝劝谏,对时政给予批评。"

李隆基心想:"这姚爱卿真是替朕琢磨透了,不如此怎么能够从善如流,把国家治理得像太宗朝一样繁荣昌盛呢?"他说:"朕确保自己有容人雅量,凡谏言有理,朕全部照办,并予以赏赐,即使所说有误,朕也不会追究!"

姚崇提了这么多要求,年轻的李隆基都一一答应了,姚崇真是激动得难以自抑。今番遇明主,可以大干一场了,真是三生有幸!想不到自己六十多岁了,还能大展宏图!

姚崇又说:"陛下,臣还有最后一事,要求陛下。"

李隆基道:"姚爱卿快讲!"

姚崇说:"外戚专权,几乎毁了西汉和东汉,咱们大唐如今的情况,比那时候还要严重。臣请求陛下将女主掌权之事写在史书当中,使以后的人牢记,千万不可再如此了。"

年轻的李隆基听完姚崇的十事后,都哭了,说:"姚爱卿,你之前虽没在宰相位,可操的是比宰相还要多的心!朕在此谢谢你!西汉和东汉的事情,朕保证绝对不会在我大唐重演！"

说完这十事，姚崇也哭了。姚崇说："陛下若能真的答应这十事，臣定当肝脑涂地，鞠躬尽瘁，以死相报！"

李隆基连忙说："朕答应，朕答应！"

姚崇拜伏在地："谢主隆恩！愿我主万岁万岁万万岁！"

就这样，姚崇继任宰相。

扫除障碍有技巧

李隆基任命姚崇为相后,踌躇满志,意欲开创大唐盛世。改年号为开元。

虽然有了位好宰相,可此时的一切还是原来的一切,这就需要做大的调整。李隆基和姚崇调整的第一步,是加强宰相姚崇的权力。

他们看准了,首先就是那些政变的功臣。李隆基原来是念旧情,将他们全提拔到了重要的官位上。如今看来,他们都不适合,不但不能为建设大唐出力,反而形成了相当大的阻力。他们不懂如何建设,没有建设大计,还抱成团阻拦真正的建设人才发挥作用,这样如何能行?虽然皇帝在骊山阅兵的时候震慑了一下他们,然而,还未撼动他们的根基。有时候他们还是很骄傲,何况还占着官位!

李隆基把这些人提上来容易,可要想将他们请下去,就是很难为情的事了。说他们不胜任,让他们都到地方上去锻炼锻炼,如何说得出口?何况这不是一个人,而是一个团体,政治团体,所以,必须慢慢解决,必须有个由头才行。

姚崇和他们的治国方略是不一样的,他虽然是宰相了,但还没有大的权力。姚崇是一个人,人家是一个团体,他要施行他的治国方略,光靠皇帝支持，施行起来还是很困难的。团体里的人都用异样的眼光看着姚崇，姚崇也忌惮他们。

政变功臣王琚是个纵横家，平时说话很是幽默。王琚的一班朋友在一起的时候，曾按年龄排了一下次序，王琚被排到第十一，因此也称王十一。在非正式的场合，李隆基也总是亲切地叫他王十一。王琚虽然很会用计谋，但是资历不足，因此，李隆基也没加封他为宰相，而是让他当了一个中书侍郎。

由于感情深厚，李隆基时常将王琚叫到皇宫一起说话、玩耍。君臣二人一起吃饭、喝酒，讲一些笑话，大家都很开心，相处甚欢。因此，大家都知道王琚是皇帝身边的大红人。李隆基要是一日不见他，就会想得慌，问："这个王十一，今日干什么去了？把朕撂到一边，又往哪里休闲去了？"

如此，李隆基和王琚在一起的时间就比和其他大臣在一起的时间多，大臣是既羡慕又眼红，称他为"内宰相"。

王琚在皇帝身边混得不错，并且还是功臣，因此他的家里人也跟着沾光了，出来进去的很有脸面。

王皇后为了讨好皇帝，还特意去王琚的家里看望王琚的母亲，这对于王琚一家是多么光荣的事！而王琚家除了王琚这一代外，世代都是老百姓，哪里受到过如此的恩宠？激动得王琚的母亲都担心害怕了，对王琚说："儿呀，我们家哪一辈人都没有当过什么大官，如今你这样荣光，是不是有点不对头？"

对于此事，王琚也说不出什么，他只是觉得自己和皇帝是好朋友、好兄弟。

然而，他却不知道他这样和皇帝亲热，还被人称作"内宰相"，真宰相姚崇就不愿意了。姚崇心想：一个王琚怎能被人称为"内宰相"呢？皇帝整天和他这样一个侍郎在一起，如此不是间隔了他这个要做大事的宰相和皇帝之间的关系吗？这对加强自己的权力和在朝中的影响力是很不利的。必须要用一个办法，让这个王琚离皇帝远一点。有一天，姚崇找个机会便对李隆基说道："王侍郎这个人，陛下只可以用他平祸乱，却很难用他守太平。"

李隆基以大局为重，以兴盛大唐为重。因此在大事上，他最看重有兴唐谋略的姚崇了。至于朋友之情，自然要靠后了。何况，姚崇在当初拜相的时候，也与皇帝交了心，彼此是相互信任、相互照应的。

于是，皇帝李隆基便开始疏远王琚了。而且，没过几日便下令王琚兼御史大夫之职，前去边疆巡视，此后再也不能回朝廷了。

张说在资历上虽然比不上姚崇，但也是不相上下。他在武则天当政时期，就已经任职宰相了。并且在李隆基当太子的时候，曾任太子师，也就是太子的老师，与李隆基的感情非同一般，关系很是亲密。

此时，张说正是宰相班子里的老大，是紫薇令，是姚崇的顶头上司。也因此压着姚崇的气势。这样，张说也自然成了姚崇施行大政方略的障碍。何况，张说如今总是和姚崇疙疙瘩瘩的，很是不顺畅。因此，姚崇决心把张说也搞掉。

一天，李隆基与文武大臣处理完朝政，宣布退朝，大臣一个一个都出去了，只有姚崇落在最后面，腿一瘸一拐的。李隆基不知道他的腿怎么了，就关心地问："姚爱卿腿怎么了？怎么忽然变成了如此模样？"

姚崇说道："陛下，臣的腿没有事，但臣的心里有事呀！"

李隆基知道他有秘事要奏，就屏退左右，问他："爱卿心里到底有什么事？"

姚崇说："陛下，臣前日看见张说宰相坐着车悄悄去岐王家里了。"

说完看着李隆基的脸。

李隆基听了，脸上也没什么变化，但心里非常不高兴，心想：你一个首席宰相，悄悄去岐王家里干什么？莫非是两人勾结，要图谋不轨？

其实，张说去岐王家里也没什么。张说平时文章写得好，岐王也是喜爱写文章的人，因此常和文人交往，在一起谈谈诗文什么的。他们的交往是光明正大的，没什么不可告人的。这只是姚崇故意强调罢了。

然而，李隆基却起了疑心。他是最忌讳大臣与藩王私自交结的，弄不好就会造成江山不稳，时局动荡。大唐王朝动荡得够久了，实在是经不起折腾了，那是提起来就让人生畏的事。所以，要加强皇权，何况罢免张说，让姚崇代替，也是早晚的事。

不久，李隆基就找了个由头，将张说的首席宰相给免除了，外放他去相州当刺史了。他的位置由姚崇来顶替。如此一来，姚崇在朝中就更有影响力了，说话也更有分量了，对于唐室复兴的推动力也就更大了。

宰相魏知古也是当初李隆基发动政变时的功臣，姚崇尚未顶替张说之前，他们两个的职位是相等的。魏知古是小吏出身，一步一步升上来极不容易。在魏知古困难的时候，姚崇还曾帮助过魏知古，他们以前的关系不错。可是魏知古为人过于耿直，不知变通，他们两个的性格多有不和，因此在共事的过程当中也多有不和谐之处。

唐朝每年的五月都要举行一次选官，在京城长安和东都洛阳分别进行。开元二年（714年）五月，魏知古被派往东都洛阳，按级别他本应在京城长安进行选官的，然而，因为和姚崇不和，还是被皇帝派往了东都洛阳，让他和姚崇各行选官。

魏知古对于此事心里有些气，在姚崇面前也总是感觉窝气。

姚崇呢，则在魏知古面前总好像有点儿理直气壮。

然而，姚崇在洛阳为官的两个儿子却不知道他们的老爹和这个魏宰相的心结，以为他们的老爹曾帮助过这个魏宰相，现在他们又同是宰相，关系是多么多么好。这两个儿子也实在是没出息，待魏知古一到东都洛阳，他们两个就都找到了魏知古，要他给他们办事。他们笑容可掬地说："魏老伯，您一向可好？家父总是提到您，说你们之间的关系是多么多么好，过去他还曾经帮助过您老人家。此次我们兄弟在洛阳就职，还望您老人家多照顾小侄儿呀！"

不提姚崇对魏知古的帮助还罢了，一提这事，魏知古心里就犯堵，心想：这两个不知死活的小畜牲，今天又要老夫给你们办什么事？都是姚崇那老东西教出的好儿子！便道："只要是正经事，老夫定会照章办理，绝对不会让两位贤侄受屈。"

姚崇的两个蠢儿子也不知道话里到底什么意思，还以为是他们的魏老伯看自己父亲的薄面，答应帮助自己了呢。于是就提出了好多要求，把自己的亲朋好友向魏知古举荐了一大堆。

魏知古表面应付着，回京后却马上向李隆基做了汇报，说姚宰相的两个儿子如何如何，总之，很是不像话。李隆基听了，当时也很是生气，不由地怒道："这姚崇是怎么教育自己的儿子的？怎么如此目无国家法度？"

魏知古告了姚崇一状走了，心想：这次姚崇一定会倒霉了，谁叫你教出这样两个没出息的傻儿子呢？这可怪不得老夫了！

哪知，李隆基心里装着大唐的复兴大计，所以心里还是向着姚崇的。只要是对姚崇不利的，他都会帮着姚崇扫除干净。那一天，他虽然生气，见了姚崇还是要装出一副没事的样子，对姚崇说："姚爱卿膝下有几位公子呀？他们人品都如何呢？如今都在哪个衙门办差？"

姚崇一听皇帝的话音，心里就明白了八九分，心想肯定是这两个不成器的东西又惹了什么祸了，于是诚惶诚恐地说："臣有两个不成器的儿子，都在东都洛阳为官。臣平时忙于公事，没把他们教育好，以致他们吃喝玩乐，贪财好利，什么都不懂。陛下今日问起此事，臣想这两个不知死活的东西肯定是在魏丞相去东都选官的时候求魏丞相办什么事了，都是臣教育不严之罪！"

李隆基原以为姚崇肯定会为自己的两个儿子掩饰和辩护，没想到姚崇如此坦诚，心里也就完全释然了，大为欢喜，心想真是干大事的宰相呀！

李隆基又听了姚崇和魏知古过去的一些事情，对魏知古反而有了些看法，心想：不管如何，人家曾经帮助过你，你怎么能以怨报德呢？这人真不怎么样！便说："这魏知古不适合当宰相，就让他到地方上去吧！"

姚崇本来心里愧疚，见皇帝如此说，就赶紧说："陛下，您一定不能因为这件事就把魏宰相给贬了呀！都是臣的两个儿子没出息，不守法度，并不是魏宰相的错，您可一定不能将他贬了呀！如果魏宰相被贬，天下的人都会认为是因为臣才如此，而且也会影响陛下您的圣德呀！"

李隆基见姚崇如此，更是与姚崇心心相印了，于是就没再说什么。然而，过了不久，还是找了个理由将魏知古给贬出了京城。

李隆基之所以这样做，都是在为姚崇的施政大计扫除障碍，要为他开辟一个可以施展拳脚的广阔空间。当时，刘幽求、钟绍京等也都相继被贬官。

别人被贬官还能承受得住，只有那功劳最大、自视甚高的大谋士、大宰相刘幽求实在难以承受被贬官了。刘幽求从来都没有想到，以自己的才能、功劳，会被深深信任自己的李隆基给贬官。于是，他就和钟绍京说了许多不满的话，发了许多牢骚。如此，当然是瞒不过别人的耳目了，何况他也从没有想着要瞒别人。

李隆基很快就知道了，因此大为生气，心想：你刘幽求那么有才，怎么这样不懂事？不惩治你，朕如何去管理其他被贬的功臣？当即就下令把他们两个拿下问罪，投进了大牢，由中书省来审判。

中书省是姚崇负责的机构，然而，姚崇并不想置他们于死地，于是就对李隆基说道："刘幽求等都是对国家有功劳的大臣，以前位高权重，一下子出任闲职心里自然不适应，心情沮丧是很正常的事。若就因为这一点儿小事而下狱,只怕人们会寒心的,也容易造成政治上的混乱。因此,还望陛下冷静下来,认真想一想。"

李隆基听了这话,慢慢消下气来,便将他们贬到地方上做官去了。

处理兄弟关系有办法

李隆基是我国历史上最富有人情味的皇帝,他对他兄弟的态度,与其他朝代的皇帝迥然不同。虽然是皇帝了,可在兄弟面前从不摆皇帝的架子,上朝是君臣,下朝是兄弟。当他下朝之后,见了哥哥,与普通百姓家是一样的,对他们恭敬地一一下拜,行弟弟之礼。

李隆基当了皇帝后第一次下朝拜见哥哥的时候,大哥李成器吓得忙给他跪下了,惶恐地说:"陛下,您如今已经是皇帝了,您如此礼遇臣下,会折杀臣的!"

李隆基赶紧将大哥扶起来,说:"大哥,不管兄弟当什么,下了朝我们都是兄弟,这是谁也改变不了的。这个皇位也是咱们家的,我不过是替家人来坐的,还有什么不可以的?"

说得大哥心里发热,眼泪一下子就流出来了,说:"陛下就是不同一般呀,这个天下,在陛下治理下定能赶上太宗在世的时候。"

如此,哥哥和弟弟在私下里都非常服李隆基:"我是不如!我当了皇帝会这样吗?这个皇位就应当由老三来坐!"

于是众兄弟都特别亲唐玄宗。

李隆基对兄弟也真是体贴入微。五弟患重病的时候，他在朝堂上处理国家大事，没工夫去探望，却一心惦记着弟弟的病情，不时地派人去询问病情。只一会儿工夫，就去了十来次。下了朝之后，更是亲自去探望，并亲自为弟弟熬药。

有一次，他正在熬药的时候，突然一阵风吹来，火随风势，一下燎到了他的胡子，胡子着了。身边随从见了很是害怕，烧着了皇帝的胡子，这还得了？于是赶紧来扑火。李隆基长叹一声道："嗨，不小心就烧着胡子了。只要是五弟吃了这药病能好，就是把这胡子烧光了，也值得呀！"

说得人们都很是感动，心想：陛下真是个好人，有如此的君王，天下怎么会不大治呢？

李隆基不但有治国之才，在其他方面也非常优秀，琴棋书画无一不通，吹拉弹唱无一不晓。

工作之余，他会和他的那些兄弟一起娱乐，几个兄弟也都很爱这个，他们谈论诗词歌赋，组织了一支家庭乐队……大哥宁王李成器吹笛子，四弟岐王李隆范弹琵琶，很是热闹，兄弟感情很是融洽。

有时候他们也打打马球，饮饮酒，有时还在一起斗斗鸡，打打猎物什么的。这不仅促进了兄弟之间的感情，还锻炼了身体，使治国的精神头儿更足了。

李隆基就是这样一个精力旺盛得难以想象的皇帝。在他年轻的时候，什么事都处理得妥妥帖帖。

李隆基当太子之前，与他的兄弟一起住在京城和善坊的五王宅内。如今李隆基登基了，依照传统规矩，这个地方也便成了龙兴之地，不可以再让别人住了。几个兄弟很懂规矩，就主动向玄宗上表，要从这里搬出去，将此宅建为兴庆宫。李隆基笑着对几个兄弟说："我们亲兄弟五个不能相离太远了，住得近一些可以互相照应,还像原先一样,不要搬出去。"

几个兄弟都说:"这个自然好。"

李隆基说:"这样吧,就在兴庆宫周围给你们分别建造宅邸如何?"

大家还在一起,兄弟们自然是高兴的,于是玄宗就下旨开始建造王府。待王府建成,大家分别住进去后,玄宗又说:"如此,还是想得慌,感觉总是不在一个宅子里。为了方便朕看到亲兄弟,就在兴庆宫里再修造一座高楼吧,这样,朕一登上高楼,就能看到你们了。"

于是,又修造了一座名为"花萼相辉楼"的高楼,寓意着他们兄弟之间的情义就像花萼一样相互辉映,这是玄宗和兄弟之间手足情深的表现。刚好是他在花心,众兄弟呈花瓣状分布在他的周围。

此高楼建成后,玄宗搞外交接待和举办国宴也总是在此楼上。

一天,李隆基歇息时登此楼观风景。那时候正是炎夏时节,树上的知了也热得不停地叫。

李隆基突然看到大哥正坐在一棵大树下的椅子上聚精会神地看书。李隆基禁不住好奇心大发,大哥看的什么书呢?这样用功!看着看着,他心里就有些紧张了,大哥这么用功,是不是在研究什么兵书,或者是记录谶语的占卜书呢?大哥那么宽厚的一个人,别是现在也对皇位有兴趣了吧?

于是,玄宗急忙派人去打探。派去的人回来报告说:"陛下,宁王正在用心研究龟兹乐谱呢!"

玄宗一听,便彻底把心放在了肚子里了,笑说:"这才是朕的好大哥!让大哥好好看吧,别再打扰他。"

建造这座花萼辉映楼本来是为了兄弟情义,能够让玄宗经常看到几个兄弟。谁想这无形中也方便了玄宗对他们的监视。这也真是歪打正着、一举两得吧。

然而，还是有人对玄宗的兄弟不放心，那就是宰相姚崇。

早在李隆基当太子的时候，姚崇就曾建议要让这些亲王都出镇地方，免得在京城里对皇位形成威胁，此时他再次提了出来："陛下，如今局势始稳，尚不牢固，还是命几位王爷离开京城，到地方上去吧？这也是对他们最大的爱护。"

玄宗有点不以为然，说："朕的那些兄弟和朕血肉相连，感情很深，朕了解他们，他们不会做出什么事来的。"

玄宗在心里说：我在花萼相辉楼上经常看着他们呢，他们还能做什么？

然而，姚崇坚持说道："他们不会，可要是不慎被一些别有图谋的人利用，那是很可怕的事呀，这样也害了他们。为了避免事端，还是让他们出镇地方吧！"

玄宗听了，觉得有道理，为了稳妥起见，让他们出镇地方是最好的。于是允准，遂下旨：李成器兼岐州刺史，李成义兼豳州刺史，李守礼兼虢州刺史，李隆范兼绛州刺史，李隆业兼同州刺史，全都到地方上去。

同时，玄宗规定："为了不致兄弟们劳心，安享生活，几位王爷出任刺史之后，只领大纲，全部州务由长史、司马主持。"

弟兄们谢恩而去。李隆基也都一个一个地执手相送……

诸王离开了京城，便不存在诸王与朝廷大臣偷偷结交的可能了，出任刺史却不负责具体事务，也避免了诸王形成地方势力。如此，两下相结合，宗室对玄宗的帝位威胁便差不多消除了。

然而，还是有一次，差点儿出了事情。这次是因为岐王李隆范。岐王李隆范做事有些自由散漫。

那一天，岐王李隆范跟他的妹夫裴虚己等一些人共同游宴。席间，裴虚己拿出一本占卜的谶纬书供大家传看。要知道，谶纬书在当时是被认为有关政治的预言书，是禁书，不许公开传阅的，一般认为只有在政治上另有图谋的人才看这种书。如此能不犯错误吗？何况他们都是政治敏感人物，都是最接近皇位的人。所以，这件事很快就传到了玄宗李隆基那里。

李隆基大为不悦，心想：你们这些人聚集在一起干什么？朕虽然相信你们，因为你们都是朕的至亲，可你们为什么非要传看这些不该你们看的书呢？于是便立刻将驸马裴虚己还有其他参加游宴之人全降了职，贬了官。然而，玄宗独没有追究他兄弟的责任。他还反过来安慰兄弟道："朕跟自己的兄弟是友爱至亲，难道还不相信自己的亲兄弟吗？只是那些人可恶罢了，朕自然不会因为一点儿小事就怪罪自己的亲兄弟的。"

此事过后，李隆基颁布了一道诏书："从今以后，诸王、公主、驸马、外戚，除非至亲，不得出入门庭，妄言是非。"

如此，也就束缚了这些身份上对皇权有威胁之人，政局也就更加安泰无恙了。

然而，不管怎么说，玄宗李隆基对他的几个兄弟都还是非常不错的，只要他们不作乱，没有非分之想，不被人利用。李隆基从来没有为难过自己的亲兄弟，他的这些兄弟都是丰衣足食、花天酒地、安安泰泰地过完了一生。并且在几个兄弟薨亡后，玄宗还追封他们为太子。申王李成义被追封为惠庄太子，岐王李隆范被追封为惠文太子，薛王李隆业被追封为惠宣太子。甚至大哥李成器还被追封为"让皇帝"。玄宗还谦虚地说，自己的皇位是大哥让给自己的，因此追封大哥为"让皇帝"。

对斜封官和外戚的治理

宰相姚崇和玄宗李隆基一起扫除了施行新政的障碍,消除了诸王宗室对皇权的威胁,此时宰相班子里也就剩下他和卢怀慎了。

这个卢怀慎是个注重品德修养,生活极其简朴,做事又很谨慎的官员,凡事都随着姚崇,因此可以说,李隆基和姚崇能够大施拳脚了。

接下来,他们做的第一件事就是废除斜封官。所谓斜封官,也就是未经过吏部,直接由皇帝任命的官员。

开元二年(714年),玄宗李隆基的二哥李成义要求三弟帮一个忙。他对玄宗说:"陛下,臣府内的录事官王九在臣府内已经干了很长时间了,一直忠心耿耿。臣感于此情,想求陛下将王九由九品录事升为八品参军。"

要说这李成义,为人很是平庸,和别的兄弟是无法相比的。或许是因为内心自卑,他从小就不振作、不求上进。李成义的母亲不是李旦的妃子,只是一个宫中女奴。母亲的身份决定了他在众兄弟中地位低下。在他出生的时候,他的奶奶武则天根本就不想留下他,可是仔细想想,这毕竟是自己的血脉,丢弃吧,也实在是于心不忍。于是,便叫来一名高僧给他看相,命好就留下,不好就丢弃。出家人以慈悲为怀,高僧就向武则天道:"阿弥陀佛,这个小王子本是西域的大柳树精，养着他对别的兄弟大有益处呀。"

于是，武则天便将李成义留了下来。

说起来，李成义的出身也真是可怜，因此总是得过且过，整日就知道吃喝玩乐。由于没本事，当然也从没有给李隆基帮过任何忙，但也从没有麻烦过李隆基什么事。然而，李隆基还是将他当作自己的亲二哥对待。即使没本事、出身低也不能影响他们的骨肉情。平时，玄宗非常同情这个二哥，凡事也照顾着他。如今二哥来求自己了，也不好不答应，只待宰相签署命令了。然而，姚崇不同意，上奏道："陛下，当初在臣拜相的时候，您不是已经答应过臣，不再搞斜封官了吗？怎么如今又……"

玄宗听了不知道如何回答是好。姚崇接着道："臣以为录用官吏的事情应当是由吏部来掌管，陛下最好不要插手。若陛下对官位不在乎，总是对亲朋好友进行安排，送人情，那样朝廷便无纲纪了，还是会走原先吏治败坏的老路子。"

玄宗无言以对，说："幸亏姚爱卿提醒，那这官就不封了吧！"

李隆基只好向二哥李成义表示抱歉了。

这样一来，那些平日里与玄宗相近的人见李成义求事都不成，以后自然就都不敢麻烦玄宗了。因为他们知道，玄宗也有办不成的事。

新政的第二步就是治理外戚。

外戚的势力总是很强。自武则天开始，政坛女强人频出，因此外戚之风也更为厉害。而到了唐玄宗的时候，外戚势力依旧强大。

开元四年（716年），王皇后的妹夫尚衣奉御长孙昕由于一件非常小的事情和御史大夫李杰闹了矛盾。这尚衣奉御平日里仗着王皇后的势力骄横惯了，见李杰和他争执不肯相让，心里很是愤恨："让这个李杰知道什么叫马王爷有三只眼！"

长孙昕约了自己的妹夫杨仙玉，暗藏在李杰回家必经的一条小巷子内。待李杰走来，两人冷不防扑上去，对李杰一顿拳打脚踢。李杰本是一介文弱书生，突然被袭，当然无还手之力了。一时间就被打得鼻青脸肿，官帽也被打飞了，披头散发，身上的官服也被弄得乱七八糟，有的地方还被撕破了。

两人得手后迅速逃逸，留下伤痕累累的李杰。李杰骂道："你们还像朝廷命官吗？流氓！无赖！恶霸！仗势欺人！"

长孙昕以为打完后跑了就没事了，料他也不会怎么样！

谁知，李杰是个生性极其刚强的人，发誓道："明日老子不到朝堂告倒你们，誓不为人！"

次日，一上朝，他就带着满身满脸的伤，身上依旧穿着被打后未加整理的官服。众人看他这样，也好生奇怪。长孙昕见了有点儿心虚，但还是心存侥幸道："难道要告老子不成？看陛下会不会为你小子做主。"

李杰也不理会他。

李杰马上就向玄宗上奏道："陛下，臣被您的亲戚长孙昕给打了！"

玄宗上下打量他一番，道："说说，到底是怎么回事？"

李杰便将经过讲述一番，又理直气壮道："身体发肤，受之父母。臣吃些皮肉之苦，侮辱的是臣本人，侮辱的是我的家人，这些臣犹能忍；然而，他们两个人将臣的官服撕破了，侮辱的可是国家，侮辱的是我大唐朝廷，这是臣所不能忍受的。还望陛下明断！"

玄宗听了极为生气，自己见天说要抑制外戚，没想到这些外戚还不知收敛，竟然做出这等丢人的事来，当即大怒道："来呀，把这两个无法无天的混账东西给朕拿下，杖杀！"

看着玄宗大怒的样子，也没人敢为他们求情，最终长孙昕和杨仙玉被杖杀于朝堂之上。那些平时嚣张的外戚看着心里一抖一抖的，有些害怕。

打死了长孙昕和杨仙玉二人，玄宗还是觉得过意不去，于是又给李杰赔礼道歉道："朕的亲戚，朕实在疏于管束，让爱卿受委屈了，即使在朝堂之上把他们打死，也不足以表达朕的愧疚之意。还希望你能继续保持疾恶如仇的性格，绝不姑息此类恶劣之事！"

那些外戚更是害怕了，再也不敢仗势欺人，胡作非为了。

经过玄宗李隆基和宰相姚崇对外戚的治理，天下真是太平多了。百姓交口称赞玄宗和姚崇："如今的万岁爷英明，任用贤相姚崇，这个姚崇真是能干啊！"

"经过姚崇的大砍大伐，危及国家稳定的疾患全被去除了。"

"是呀，真是救世宰相啊！"

"救世宰相，此后，天下可以太平了。"

大力整顿吏治

姚崇在整顿吏治上也很有成就，唐中宗的时候，韦后干政，卖官鬻爵的事情很多，造成了官吏剧增、官僚机构臃肿的现象。官多了，支出的薪俸也就会多，国库总是入不敷出。因此，姚崇于开元初年便开始大刀阔斧地对冗员进行裁减。这一举措不仅减少了冗员，还降低了国库的支出。

唐朝建立以来总是重视京官、轻视地方官，因此，一般的官员也都不愿到地方去任职。尤其是中宗和睿宗的时候，由于朝廷内部频繁地斗争，此类问题便更为突出了，到地方上当官的不是政治斗争的失败者，便是无能的庸才，因此地方官员的素质普遍都不高。李隆基在登基前曾在潞州任过职，对于这一现象，他也有所了解，也早已有心解决这一问题。他说："对于一方百姓而言，地方官不光是父母官，同时也代表着朝廷的形象，难道就让百姓只见识那些低劣的官员吗？"

姚崇奏道："陛下，臣有个办法，可以解决这一问题。"

玄宗大喜说："朕知道姚爱卿定有好计策，请讲！"

姚崇说："好的官员都集中在京城里干什么？都集中在京城也发挥不出什么作用来。臣的办法，就是让地方官和京官相互流动起来。"

玄宗说:"哦?如何互相流动,姚爱卿的具体策略是什么?"

姚崇说:"臣的办法就是让有才干和有见识的京官到地方去任都督和刺史,让有政绩的都督和刺史进京来当京官,如此一流动,京官轻视地方官的现象便会逐渐减少,同时也大大提高了地方官的素质,不知陛下意下如何?"

玄宗眼睛发亮,说:"如此甚好!可以商量个具体实施办法来!"

于是,在开元二年(714年),玄宗颁布诏书:"选京官有才识者任都督、刺史;都督、刺史有政绩者任京官,此后,形成制度。"

诏书一颁行,许多能力高的京官便纷纷到地方去任职了。不过,在刚开始的时候,大多京官还是不愿到地方去的。

有一个尚书右丞名叫倪若水,恒州藁城人,也就是现在的河北石家庄藁城人,进士出身,为政有德,就是因这个诏书被派出京城去了汴州当刺史。本来,尚书右丞是四品官,而汴州刺史为三品官,还算是升了一级。然而,按当时人们传统的眼光,地方上的三品官怎么也不如京城里的四品官。因此,倪若水真是一百个不愿意。但是朝廷下派的,谁也没有办法,不去也得去。

倪若水到汴州任职以后,有一天,他的朋友班景倩要调往京城任职。他去送他的朋友班景倩,忌妒得眼睛都红了。在长亭喝完饯别酒,看着朋友班景倩打马而去,他的魂都跟着朋友班景倩去了,好久还没有回过神来,一直看着他的朋友班景倩远去的方向。随从人员对他说:"大人,班大人已经走远了,看不见了,我们也回吧,这里烟尘太大了。"

可是,倪若水还是留恋着不肯离去,对随从说:"班生此去,真好似登仙界呀!"

随从再次说:"站在这里烟尘太大了,很脏。况且,天色已晚,大人小心着凉。"

倪若水说:"这哪里有什么脏?这都是仙气呀,让我站在这里再沾些仙气吧！"

说完，倪若水又深深地吸了一口烟尘之气。然后，闭了眼仔细咂摸品味……

不过，这倪若水调来汴州之后，也没有任何消沉之气，他对人说："只要我干得好，还是有希望再调回京城的，皇帝的诏书上就是这么说的。"

于是，他尽力干好本职工作，积极为当地百姓办事、造福，修孔庙、兴教育，还直言敢谏。一段时间后，政绩很是突出。任职期满后，朝廷果然又将他调回京都，并任命为尚书右丞。

姚崇很重视用法律来对官吏进行约束，对违法乱纪的官吏，无论是皇亲还是国戚，或是什么达官贵人，他都一律按律严惩。

薛王李隆业的妻舅王仙童欺压百姓，被姚崇逮捕要依律治罪，薛王找到了皇帝哥哥，为妻舅求情。玄宗命令姚崇重新彻查此事，意思是要姚崇从宽处理，给薛王些面子。然而，姚崇却不容情，对玄宗说道："王仙童的罪状很是清楚，难以从宽。"

玄宗任用姚崇为相施行新政，自然是支持姚崇的，有时他也是出于无奈，做做照顾兄弟的样子罢了。于是也就顺水推舟地令姚崇要依律处置。

即使是姚崇的亲信犯了法，他也一律依律论处，绝不姑息。

姚崇的中书省原来有一名叫赵海的，精明干练，不但文案做得好，还非常能领会姚崇的意思，平时很得姚崇的喜欢，用起来非常顺手。然而，这个赵海，比较喜好钱财。

西域有个商人来到长安，看到赵海是宰相姚崇身边的人，便用金钱来贿赂赵海，意欲通过赵海找姚崇办一些事情。西域商人送给赵海不少珠宝，此事很快让玄宗给知晓了。玄宗下旨将赵海逮捕起来，并亲自审问他。待查清赵海受贿后，随即押入大牢，判处死刑。

对于此事，姚崇很是惋惜，因为赵海太能干了，在施行新政的过程中，表现非常出色。然而，受贿事实摆在面前，赵海确实触犯了律法，谁也救不了他的。开元四年，玄宗大赦，下旨除十恶不赦者外，全部免除死刑，但收受贿赂的赵海除外。

在玄宗和姚崇的协力配合下，整个大唐在开元初年呈现了政治清明、人心稳定、经济发展的大好局面。

独力担当，扑灭蝗虫

正当大唐天下开始出现政清人和大好局面时。开元四年，山东爆发了蝗灾。蝗灾很是厉害，蝗虫遮天蔽日，像发大水一样，所到之处，别说是地里的庄稼了，就是树皮也被吃个干净。

老百姓看着这样的骇人景象，都吓傻了。是上天要灭他们吗？是人间做无德之事了吗？百姓预感到了自己将被饿死的结局，泪水哗哗地往外流。老人、女人、小孩都在号哭，希望能感动上苍，可怜可怜他们，将蝗虫收回去。百姓看着铺天盖地的蝗虫在自己的庄稼地里肆虐，抢食自己的活命口粮，却不敢扑打，因为他们都认为这些蝗虫是上天派下来的，不敢乱动。于是百姓就到田间地头烧香磕头，顶礼膜拜。

然而，蝗虫并不见少，反而越来越多，一层一层，毫不留情地滚向庄稼地。蝗灾很快蔓延开来。河北、河南、山东是全国最重要的产粮地区，若这些地区闹了灾，粮食歉收，那肯定会使国家受到非常大的损失。

人活着，吃是最大的问题，如果没有吃的了，人们还活得下去吗？这肯定会造成全国性的大恐慌，整个大唐的江山也就难以稳定了。

玄宗李隆基闻报，整日整夜地睡不好觉，并自言自语道："难道是因为我们大唐皇室杀戮太过，上天要予以惩罚吗？"

宰相姚崇上奏："陛下，下旨让蝗灾严重的各个州县，组织人力和物力，捕杀蝗虫吧！然后将捕到的蝗虫集中于田间地头，烧掉后挖坑深埋，以彻底消灭蝗害！"

在当时的那个时代，姚崇能提出如此消灭蝗虫的办法，思想也是够先进的。

玄宗说："如此多的蝗虫，能捕得尽吗？"

姚崇说："尽量减少灾害吧！就算是捕不尽，也得捕呀，总不能看着蝗虫把庄稼吃尽而不理吧！"

然而，玄宗还是犹豫不决，他感觉在上天的警示下，自己无能为力。姚崇看玄宗这个样子，就说："陛下还有什么想法，就赶紧说吧，消灭蝗虫是刻不容缓的呀！"

玄宗说："蝗虫乃天灾，上天在警示朕呀，朕是天子，扑灭蝗虫会不会开罪上苍呀？"

姚崇听了，心想：都火烧眉毛了，皇帝还说这样的话。他就索性说："您看这样行不行？陛下，往后只要是灭蝗虫的事情，您就别用皇帝的名义来下命令，就让臣用宰相的名义下命令吧！如此，就是上天怪罪下来，也只是怪罪臣，绝不会怪罪到陛下的头上。"

话说到这里，也没什么好说的了，还是拯救黎民百姓于水火，稳定大唐江山最为重要。于是玄宗就说："此事就依姚爱卿，你就看着办吧！"

玄宗同意了，然而，这也不等于此事就能够顺利解决。朝中大臣一听说要扑灭蝗虫，甚是恐慌，一片反对之声，纷纷上奏说："天灾呀，陛下，这蝗虫可是上天派下来的，千万捕杀不得呀！要是上天怪罪下来，那还了得？"

特别是副宰相卢怀慎，对于灭蝗是极力反对的。

说起这个卢怀慎，为官很是清廉，生活也非常朴素，所得俸禄大部分都接济了穷人。虽然自己在朝中当着大宰相，可是家中的房子还很是破旧，每到下雨的时候，经常是"外边大下，屋内小下"，门口总是挂着一张破布帘子挡雨。吃的东西也和普通老百姓家别无二致。一次他由于身染重病不能上朝，有两个同僚去他家看望他，他没什么可招待人家，便煮了两盆豆子来招待……

然而，在推行新政上，他是远不如姚崇的，也因此总是跟着姚崇走，姚崇怎么说他就怎么做，从来没有和姚崇唱过对台戏。这也是玄宗和姚崇留下他担任宰相的重要原因之一。除了这些有自知之明的顺从外，那就是上面说的为官清廉了，这都是他为人所赞赏的。

有一次，姚崇的一个儿子死了，姚崇回乡办理丧事，朝中就只剩下了卢怀慎一个宰相，一切事务就都落到他一个人的头上了。他跟不上姚崇的思路，唯恐办错事，因此也总是显得不知所措，一大堆公文堆到他的案头，他看看这个，翻翻那个，可哪一个也不敢做主批答。于是，他就惭愧无比地找玄宗去了。他对玄宗说："陛下，臣不能办事，您还是将臣罢免了吧！"

玄宗一听，就笑了，说："朕用姚崇就是让他施行新政的，而爱卿你呢，是官员当中德之表率，清廉端正，可以做众官之榜样。没事，你回去吧，等姚相回来处理这些事情。"

姚崇回来后，处理这些事情真是得心应手，三下五除二，就处理完毕了。卢怀慎佩服得五体投地，同时，也衬托得姚崇很是能干，会办事。姚崇当时对手下人说："我比管仲如何？"

在新政上，做决策的是姚崇，卢怀慎只是跟随，从来没有自己的见解，也没有不同意见，因此人们暗地里给卢怀慎起了个绰号叫作"伴食宰相"，意思是陪姚崇吃饭的。

然而在灭蝗这一重大事情上，他也站出来反对姚崇了，而且一马当先。他用他的佛教慈悲思想说:"蝗虫也都是生灵,杀生便是伤和气,而伤和气可是要招祸的!"

姚崇道:"蝗虫是生灵,难道人就不是生灵吗?难道人还不如这些抢吃庄稼的蝗虫重要吗?你不忍心看着蝗虫被捕杀,就忍心看着人被活活饿死?你若是害怕捕杀蝗虫招祸,那就算在我姚崇一人头上吧。我姚崇一人做事一人来当,不会连累你的!"

姚崇这么一说,卢怀慎就不说话了,再说下去,好像自己是没担当的人。于是,只好照姚崇说的去办。

朝廷上意见虽然统一了,然而,实施起来还是不顺当。地方官员也是一片反对声。这片反对声音当中嗓门最高的就是倪若水,当时他还是汴州刺史。只要是他认为对的,他干什么都很积极,也很有劲头。因为他特想干出政绩,赶紧离开汴州重新回到京城任职。他向来是以敢于进谏,也就是敢于说话著称的。

开元三年(715年),唐玄宗命令太监下江南对珍贵的鸟类进行征集,以纳入深宫供他消遣逗乐。太监要去的那个地方,会经过汴州。到了汴州之后,太监认为自己是从皇宫出来办差的,身份特殊,因此总是向地方官员要求这个、要求那个,想方设法让人家来伺候他。倪若水见状,很是生气,当即就向玄宗李隆基上奏折道:"此时正是农忙季节,陛下却令各地逮鸟儿充实宫苑。这些鸟自江南和岭南运抵京都,不知要耗用多少人力和物力。这些鸟和宫内的公公每到一个地方,鸟要吃肉,人也要吃肉,老百姓见了,有损皇家的形象!百姓都说陛下您是'贱人贵鸟'。您若将凤凰看作普通的鸟,将麒麟看作普通的兽,那天下就幸运了。"

玄宗见倪若水这样敢说话,心里很是喜欢,于是当即采纳了他的建议,召回了派出去的太监,并大力表彰了倪若水。

如今，他却站在姚崇坚决灭蝗的对立面。还摆出一副为国为民的大义姿态，坚决不执行宰相的命令，他说："蝗灾为上天所降，非人力所能解决。天灾也就是上天对人类的警示，应请陛下修德才行。若陛下不以自己的角度来将问题解决，而光是灭蝗虫，那肯定是不对的。早在十六国时期，前赵的皇帝刘聪也灭过蝗虫，想用人力来对抗天灾，谁知蝗虫却越灭越多了，最后，就连他自己的国家也灭亡了。此为前车之鉴！"

姚崇见这个倪若水如此倔强，便又给他下了一道牒书："倪刺史你如何敢用刘聪来比当今的圣上呢？刘聪乃伪主，因此妖不胜德，当然也不会将蝗虫制服。然而，现在是圣朝，妖不胜德。以当今皇帝的圣明，难道还不能将蝗虫制服吗？你不会怀疑陛下的正统性吧？你说蝗虫与德行有关系，那就是说拥有好的德行，蝗虫就不会飞到那个州了，然而，你的汴州也遍地是蝗虫，是否也说明你这个刺史的德行大大有问题呢？"

倪若水看了这份牒书，顿时脸红到了耳朵根，浑身都冒汗了，真是无话可说了。那就赶紧执行命令吧！

只要是真干，倪若水可不含糊，他可是地方上最优秀的官吏之一。

他马上下去动员，组织人力。只他的一个汴州就捕杀蝗虫14万石。一石是现在的50公斤，总共大约是700万公斤，效率多高呀！

为了动员蝗灾区的刺史，宰相姚崇还将地方各州捕杀蝗虫的情况作为对刺史赏罚的一个标准，哪个干得好，哪个干得不好，都及时通报。如此一来，诸州刺史，哪个也不敢怠慢，都奋勇争先。

虽然连着两年都闹了蝗灾，然而，粮食的产量并无明显降低，百姓也没有流离失所，经济形势算是稳定了下来。

经济形势稳定，人心就安了。整个社会呈现欣欣向荣的态势。如此，姚崇的威望更加高了，李隆基也更加信任他了。姚崇更是卖力地工作，以报答玄宗对他的知遇之恩。在大唐建设上，两人的配合也更为默契，真是心有灵犀一点通。

那时候，和现在的首都一样，其实任何时候都差不多，只要是首都，房价都是相当高的。姚崇进京当宰相这么长时间了，还没能在长安买房，因此只能寄住在一个寺院里。他住的这个寺院名叫罔极寺，寺内花木繁盛，环境很是优雅，然而，在这样的环境中，姚崇还是得了疟疾。姚崇不能上朝，玄宗很是着急。施行新政，全靠姚崇呢，于是不停地派人前去探望，一日之内便派了数十次。

当时卢怀慎已经去世，接替卢怀慎的是源乾曜，跑得最勤的也就是他了。源乾曜每次向玄宗奏事，说得玄宗满意的时候，玄宗就会说："这是姚相的意思吧？"每当所奏之事不合玄宗之意的时候，玄宗就会说："此事卿就没与姚相商量商量？"然而，每次玄宗说得都很准确，宰相源乾曜心里很是羡慕和佩服，从而也更加尊敬他的顶头上司姚崇了。

源乾曜凡事都去向姚崇请教，可是跑来跑去太不方便了，路程也太远了。于是，他就对玄宗说："陛下，还是请姚相到四方馆居住吧，让他家人也搬去，这样便于照顾。他一边养病一边处理公事也方便些。"

四方馆是唐朝时期对少数民族来使进行接待的地方，安排姚崇住进去也很是合适。玄宗一听，觉得这个办法不错，于是就请姚崇搬往四方馆。然而，姚崇不大愿意，说："搬到那里不好吧？那里档案那么多，臣住进去好像不方便。"

玄宗道："设立四方馆，就是为了方便官员为朝廷办事用的，朕让爱卿住在那里，也是为了给朝廷办事呀！若没什么限制，朕真想让爱卿住进皇宫，那样我们见面会更加方便，这四方馆又算得了什么呢？"

玄宗这一番言语，说得很是诚恳，姚崇内心很是感动。如此，姚崇为朝廷做事能不上心吗?

唐朝时期,佛教和道教盛行,上至皇帝,下至达贵,全用巨款修建寺院和道观。和尚和道士不向国家纳税,也不服兵役,很多百姓都出家为和尚和道士。出家的百姓越来越多,不纳税的人也越来越多,国家财政渐渐地出现了困难。

姚崇就向玄宗上奏道:"陛下,国家不堪重负啊。"

玄宗也是非常通达之人,一点就透,于是就依照姚崇的意见开始大规模地裁减寺院和道观的出家人员,让他们都还俗回家。严禁官员和出家人来往,严禁私自铸造和雕刻佛像、神像,传写经书,建造佛寺等。如此一来,不但为国家减轻了许多负担,还增加了财政收入,充实了国库,当然也使国力增强了。

后来,姚崇辞去了相位,告老还乡。然而,人虽不在相位了,玄宗每遇大事,还是要请他来商量。

开元五年,玄宗想要东巡洛阳,人还未动身,没想到太庙的大殿突然倒塌了。朝中大臣为此很是忧心,认为这是不祥之兆,都上奏玄宗说:"陛下三年之丧还没有到期,不应当东巡,如今太庙倒塌,就是在向您警示呀!"

太上皇李旦是开元四年(716年),七月因病驾崩的。

玄宗心中犹豫,便召姚崇来问计,姚崇对他说:"太庙大殿建造年代太久远了,实在是朽糟了,跟陛下这次东巡毫无关系。"

玄宗觉得姚崇说得有道理,便采纳了他的意见,一切按原计划进行。

宋璟取代姚崇

姚崇向玄宗告老还乡的时候,推荐了宋璟。人都有老的时候,姚崇已经是奔七十岁的人了,姚崇说:"老臣如今干什么事都是力不从心了!陛下,还望我们的大唐江山更加稳固,早日复兴!"

明皇说:"姚爱卿此去,朕会日日想念的。姚爱卿推荐一人来当这个宰相吧!朝中大臣有哪位适合呢?"

姚崇说:"臣觉得刑部尚书宋璟可以担当。"

对于宋璟,玄宗是印象深刻的,卢怀慎早在去世前就曾向玄宗推荐过宋璟,说宋璟正直、清廉、能干,为国之栋梁,可为宰相人选,能担大任。

此次姚崇再次推荐宋璟,玄宗决定,下一任的宰相就让宋璟来担任了。

宋璟真不是一般的人物。

宋璟是邢州南和人,他的父亲曾任卫州司户参军。宋璟从小就刻苦好学,博学多才,工于诗词文章,为人豁达脱俗,名声非常好。宋璟十七岁的时候,进士及第,走上了仕途。他为官清正,受到了当时女皇武则天的器重。

宋璟是一个很有胆量的人,从来不畏权贵。当时武则天宠幸的张易之兄弟骄横跋扈,大臣见了他们弟兄两个,心里都有点儿害怕,然而,宋璟却跟他们针锋相对，毫不畏惧。

一次，张易之诬告检校太子左庶子魏元忠密谋造反，并用重金收买当时的凤阁舍人张说，要张说于廷对之时，在武则天面前做假证。宋璟知道后对张说道："对一个人来说，名义和气节至为重要，不可因个人苟生而对一个好人进行诬陷。重名节义气之人即便是被贬官和流放，人家也会对他的美德进行赞扬。若你因为没有做假证而遭什么祸患，我一定会叩请陛下免你的罪，跟你患难与共！"

张说听了大为感激和佩服，于是就在廷对的时候，向武则天如实陈说，使魏元忠最终躲过一劫。过了没多长时间，宋璟升任御史中丞。

随着武则天年纪的增大，张易之兄弟越来越骄横，行事越来越专断，朝中大臣因为怕他们，就都"尊敬"地叫张易之"五郎"、叫张昌宗"六郎"。只有宋璟不把他们两个当成一回事，连正眼都不瞧他们，反而是一脸正气，一副不容侵犯的样子。这反倒使张易之兄弟心里有点儿怕宋璟。

有一次，武则天大宴群臣，位至列卿的张易之兄弟在上面陪着武则天，宋璟因为是六品，只能坐在下边。这时候，张易之对宋璟示好道："宋公是朝中的第一人，如何能坐下边呢！"

宋璟道："下官不过是一个才劣位卑的人，卿为何说下官是朝中的第一人呢？"

宋璟说的这话让天官侍郎郑善果听到了，他为了讨好张易之兄弟，就对宋璟说："你称五郎为卿是何道理呢？"

宋璟回答道："他的官衔是卿，而你又非他的仆人，为何叫他为五郎呢？"

宋璟的这一番话使张易之兄弟两人很是难堪，脸上一阵红，一阵黑，一阵紫，一阵白，从此深恨宋璟，总是在武则天面前说宋璟的坏话。

武则天晚年患重病的时候，张易之兄弟两个人，害怕女皇驾崩后，朝中大臣会对他们群起而攻，于是密谋，想要造反。然而，做事不密，很快就被人发现并告发了。武则天下令凤阁侍郎韦承庆、司刑卿崔神庆跟御史中丞宋璟调查此事。然而，韦承庆、崔神庆平时就害怕张易之兄弟，也为了讨武则天欢心，就为张易之开脱，说："张易之在陛下面前已经认错，也就不应加罪了。"

　　这样的说法哪能服众？大多数人不敢说话，然而，宋璟是不怕事的人，何况这也是大事，如果姑息，会为国家埋下隐患，便说道："意欲造反是天大的事，怎么能轻易放过？难道只认错就算了吗？为了国家安泰，就应当将张易之兄弟二人交由有司衙门处置！"宋璟又上奏女皇道，"二犯受陛下恩宠多年，今日臣也明白臣所说的话可能会使自己惹上灾祸，然而，臣所说的都是在为国家着想，就是将臣处死，臣也没有什么后悔的！"

　　面对宋璟这样的忠臣，武则天是一点儿办法也没有。她不能为了保护图谋造反的男宠而加罪于宋璟。

　　武则天一时没有说话。宰相杨再思见此情景，就把宋璟拉了出去。然而，宋璟不会就此甘休，他是不会放过张氏兄弟的。他再次向武则天上书说道："陛下若不把张易之二人押进大牢，恐怕天下人都会不服，那些本来就有图谋之心的人会更猖獗。从而引起天下大乱！"

　　武则天见宋璟如此坚持，且又说得句句在理，心下虽然不忍，但还是将张易之兄弟收监，交给了有司衙门。然而，没过多长时间，又把张易之兄弟给放了出来，恢复了自由。

　　武则天也是没办法呀，她喜欢张易之兄弟的美色，也喜欢宋璟的忠义之心，只好想办法缓和他们之间的紧张关系，于是就命令张氏兄弟去向宋璟道歉。然而，宋璟很是鄙夷他们，根本就不见。

　　武则天对于宋璟不见张氏兄弟，很有意见，心想：如此也太不给朕面子了。好在，朝中那些正直的大臣还是支持和维护宋璟的。左拾遗李邕上奏道："宋璟和张易之兄弟的矛盾，并不是个人感情和私利的问题，宋璟完全是为了国家的稳定着想，而不是其他。还望陛下思虑清楚。"

然而，武则天根本就离不开这兄弟俩，所以最终也没有制裁他们两人。

张易之兄弟俩见自己和宋璟的关系难以缓和，总是一副水火不容的态势，就想着要除掉宋璟，反正不是你死就是我活。张易之和弟弟张昌宗商量说："宋璟在京，以我们兄弟俩的能力根本没办法弹劾他，应当想办法先将他赶出京城。"

张昌宗点头道："是呀，他若在京，我们就没办法。得想办法将他弄出京！"

待了一会儿，张昌宗终于想出了一个自认为是最好的办法。他对哥哥张易之说："哥哥，你看这样行不行？"

张易之兴奋地道："兄弟想出了何妙招？赶紧说说！"

张昌宗神秘地说："可以……"

张易之听了大喜，说："如此甚好！"

于是，他们兄弟二人便偷偷贿赂朝中的一个大臣，让这个大臣上奏武则天说："现在朝廷上下没有人不知道宋璟和张易之兄弟二人的矛盾的，他们之间简直可以说是水火不相容。如此，影响很是不好，难以团结一致为国家出力办事。可以将他们分开，不让他们在一起才是。"

这明摆着是暗示将宋璟派往地方任职，如果是将张易之兄弟二人派出京城，他们到了地方会做什么呢？他们最主要的任务就是伺候女皇武则天，所以，武则天也根本不会舍得他们去的。

过了没多久，武则天便令宋璟去扬州巡按察，出使陇蜀。

宋璟虽不知道张易之兄弟二人的阴谋，然而，他就是不去，他要留在京城里将张易之兄弟拉下马来，所以三次违诏。宋璟留在京城里虽然没有将张氏兄弟斗倒，然而，却让他们办什么事都不顺当。

李显当了皇帝之后，宋璟担任黄门侍郎，且拥有随时论政之权力。

此后，宋璟又开始了跟韦后和武三思集团的激烈争斗。

就在李显刚当上皇帝不久的时候，就有京兆人韦月将状告武三思，说他"秽乱宫廷"。中宗听了真是难以接受，也根本无法相信，顿时大怒，说："韦月将，你真是太大胆了，你竟敢……你竟敢……"

气得中宗说不出一句完整的话来，最后要将韦月将给抓起来处死。宋璟进谏道："韦月将所谏之事还没有查清楚，怎么就处死呢？"

中宗发怒说："朕不是已经下令处死了吗？你还有什么可谏的？"

宋璟说："如此就将韦月将处死，恐怕有人会不服，韦月将不是告发韦后与武三思私通吗？那就应当先查清事实之后，再行发落。"

碰上这种事，中宗也真是昏了头，气得不行。宋璟很是冷静，他说："此事臣不能奉诏，就请陛下您将臣和韦月将一起杀了吧！"

中宗无奈，便只好下旨把韦月将发配岭南。韦氏和武三思集团当然不会善罢甘休，他们是深恨告发他们的人的，同时也深恨为告发之人讲情的人。韦月将虽然被发配到岭南，然而，京城里还有宋璟。他们于是就设法陷害宋璟，不断地在皇帝面前说宋璟的坏话。中宗本来就是个头脑不清楚的皇帝，于是便将宋璟贬出了京都，让他到武三思的封地贝州当刺史去了。

耿直之人多艰难，宋璟来到贝州之后，贝州这个地方经常下暴雨，百姓生活很是不容易。然而，武三思却对此不管不顾，依然强征赋税，使百姓难以生存。宋璟站在当地百姓那一边，支持他们抗赋抗税。这样，武三思便将宋璟的官职贬了又贬。

李旦登基之后，任命宋璟为吏部尚书同中书门下三品，对朝中的弊政进行改革，此后因事触怒太平公主被贬为楚州刺史。

李隆基登基后升调宋璟担任广州都督，广州湿热多雨，经济上根本谈不上发展，一般老百姓都住在竹子为墙和茅草盖顶的草房里。这种房子虽然通风透光，然而很容易着火，烧起来一条街尽变灰烬，给当地老百姓造成的经济损失很大，条件特别差的，就可能会流离失所。

为官一任，造福一方，宋璟作为父母官，马上在广州进行大规模的旧房改造工程。他将北方住房的先进技术引到广州。请北方的工匠到广州来，教当地人烧制砖瓦的技术。这真是翻天覆地的大变化，一次真正的住宅革命。

开元四年（716年），闰十二月，姚崇请辞，推荐广州都督宋璟接替自己为相，玄宗应允，玄宗命令内侍杨思勖去驿站迎接宋璟入朝拜相。

内侍杨思勖，在玄宗面前也是个红人，和高力士一样得宠。中宗时，太子李重俊发动政变，是他飞马出了玄武门，一刀削掉乱军首领的头颅。玄宗派他去迎接未来的宰相，显然也有让他保护宋璟的意思。一路上，他想和宋璟说说话，既消除行路时的寂寞，也联络感情，没想到这个宋璟目视前方，根本就不愿搭理他，弄得他就像是热脸去贴人家的冷屁股一样。回去之后，杨思勖向玄宗诉苦。然而，玄宗听后却打心眼儿里笑了：这个宋璟，正是朕心目中的好宰相呀！

宋璟之所以不理杨思勖，是因为朝廷有规定——内官和外官不允许私自结交，以避营私舞弊、内外勾结之嫌疑。

宋璟接替姚崇当上了唐玄宗的第二任首席宰相。

宋璟执政

宋璟顶替姚崇当上了玄宗朝第二任首席宰相。

这个宋璟在当宰相期间没有辜负玄宗之期望,确实坚持原则,坚守正道,而且直言敢谏。有史学家甚至说他是"直言极谏",不过,这样说一点儿也不为过。

一次,玄宗让宋璟为自己的孩子起名。宋璟很有学问,又以文学闻名于世,取个好听的名字是很在行的事。玄宗精力充沛,后宫佳丽又多,因此孩子也多,需要取名字的也就多了。玄宗对宋璟说:"宋爱卿呀,你要选好三十个好听吉祥的名字供朕备用呀!"

皇帝交代的事,作为臣子的宋璟当然要照办了。然而,玄宗又特地嘱咐他说:"朕还希望爱卿取两个最为好听和吉祥的,比所有名字都好听和吉祥的名字,以供朕备用。"

宋璟一听玄宗如此说话,就知道玄宗是偏心眼儿,也明白玄宗让他取两个最为好听吉祥的名字是为玄宗最宠爱的武惠妃生的小王爷和小公主准备的,他是不同意这种做法的。对于嫔妃这样做无可厚非,可对于自己的孩子就不应当如此。宋璟说:"陛下,您既然已经是皇帝了,心里就应当时刻装着'公平'

二字,不应厚此薄彼。否则让天下人怎么想呢?这会影响陛下您的信义的。还是公平一些吧,让这些名字都差不多吧!"

宋璟说的话不是没有道理,玄宗心里觉得稍有不舒服,但也实在是说不出什么来,他知道孰轻孰重——国家社稷才是最为重要的。宋璟坚决不愿做如此的事,玄宗也无可奈何,并且还得以一国之君的身份对宋璟的做法赞扬一番。

"宋爱卿说得真是对呀,都是朕想得不周到,差一点儿因小失大。如果朝中大臣如果都像宋爱卿如此公正,我大唐何愁不盛!"

玄宗求他办点私事,他都不愿意去做,却还要赞扬他一番,也可见玄宗胸怀之阔,眼界之高。这个宋璟也真够可以的,什么事都一丝不苟,一点儿也不怕得罪玄宗。

开元七年(719年),皇后的父亲王仁皎死了,他在世的时候,玄宗和他的关系一直是不错的,两人在一起很谈得来。在玄宗未登基之时,王仁皎一家也为玄宗登基出了不少的力,国舅王守一在玄宗发动政变的过程中就起过很大的作用,可谓大功臣。现在他死了,家人想为他修一座大墓,和玄宗的外祖父窦国丈一样规模的大墓,五丈一尺高。于是,王皇后就来央求玄宗。玄宗和宰相宋璟商量,宋璟却不同意,他说:"陛下,根据制度规定,一品官的墓不过是一丈九尺高,即使是陪陵也只是三丈。如今要修一座五丈一尺的大墓,实在与制度不合呀。制度既然确定下来了,如果轻易更改,那以后谁还把这个制度当作制度呢?"

玄宗道:"宋爱卿,高五丈一尺的墓也有先例呀,以前窦国丈的墓不就是高五丈一尺吗?"

宋璟道:"窦国丈的墓高五丈一尺本来就是逾越制度,是个错误,如今不可再犯错了。"

玄宗一时语塞。宋璟又道:"臣之所以劝陛下,就是为了成就当今王皇后的俭德，为国之典范呀！"

玄宗是位虚怀若谷的好皇帝，因此，修墓一事只好作罢，并且还对宋璟的直言极谏给予了褒奖，赏赐他彩绢四百匹。

开元五年五月，出现过一次日食。大臣认为日食是上天在提醒下面的君王要加强自身道德修养，以便更好地统治天下。所以，玄宗顺应天意，反躬自省，降低消费，取消了许多玩乐活动，并且还发布了一道诏书，诏令宰相机构做一些处理冤案、赈济贫困、劝课农桑之事。

宋璟认为玄宗做的这些还远远不够，甚至有点儿隔靴挠痒、缘木求鱼。他便对玄宗劝谏道："君王修德，最重要的是要有诚心。臣希望陛下能够在'近君子、远小人'这个角度上多下些功夫，不能只晓得下诏书、做宣传，搞那些表面上的东西。"

臣子这样挑皇帝的毛病，皇帝肯定会不高兴的，然而，玄宗为了求得大唐的昌盛，他是不会计较这些的。这本是他用心做的一件事，然而却不做到完美，让宋璟说出来使他颇感羞愧，因此对宋璟很是尊敬。他深思后，点头说道："宋爱卿说得非常对，就按宋爱卿说的办。"

对于国事，宋璟总是向明皇极力进言，作为宰相，他也从不为自己寻私恩。

开元五年秋，关中平原粮食产量很不好，无奈之下，玄宗只好决定暂时迁居东都洛阳。玄宗车驾到了今河南境内崤山山谷的时候，由于道路太窄，一下子卡在那里了，无法前行。玄宗坐在车驾之上，心中甚是焦躁，如此道路，怎么能通行？这里的地方官到底是干什么吃的，为什么不事先把道路疏通呢？越想越气，当即下旨免了河南尹和管伙食的知顿使的官职。宋璟觉得此事处理得不妥，就急向玄宗谏道："陛下，若因为出巡遇道路不畅就把两个地方官员的官职给罢免了，百姓必然认为陛下您喜欢虚荣，爱享乐，车驾摆得太多，致使道路堵塞。以后陛下再次出巡的时候，地方必然极力迎合圣意，从而劳民伤财，百姓受苦。"

玄宗听了宋璟的话后，气慢慢地消了，心里也渐渐冷静下来，说："多亏身边有个宋爱卿！"

于是下令将两位地方官员给放了，依旧担任原职。

宋璟觉得太宽大了也不合适，便对玄宗说："也不能因为臣的一句话便将他们两个的罪过给全免了。对于他们两人，陛下原是下令免职治罪的，如此一来，过失和怨言全归于陛下了，让臣做好人。不如将他们先罢了官职，随后陛下再找机会将他们赦免，官复原位。这样，他们会对陛下您感恩戴德的。"

玄宗一听，觉得宋璟这个人真是不错，于是又多看了他两眼，觉得用宋璟真是用对了，他确实是位毫无私心的好宰相。

宋璟不追求名利，且对自己要求相当严格。宋璟在广州任上的时候，为当地百姓引进先进的造房技术，百姓感激他，在他当上宰相之后，为他竖立了一块功德碑，这块功德碑名字叫"遗爱颂"。没想到，宋璟知道这件事后很是反对，马上下令撤销。他说："作为地方官员，为政一方只是做了自己应该做的，不值得立什么碑歌颂什么德。百姓如此做，主要是因为我如今当了宰相。"

宋璟不但对自己要求很严，对待家人也同样如此。开元七年（719年），一年一度的选官开始了，成群的候选人集中到吏部。宋璟的一个远房叔叔宋元超也来到这里待候。他大大咧咧地对吏部的官员说："我是当今宰相宋璟的叔叔。"

吏部的官员听了，自然不敢怠慢，忙给予他最好的招待，在选官的事情上，也准备给予特别的照顾。

然而，这件事很快就被宋璟知道了，他连忙给吏部写了一封信，道："宋元超的确是我的远房叔叔，他平时住在洛阳，而我住在京都，因此疏于往来。本来，他若不暴露自己的身份，你们可以按规定该如何就如何，如今他既然已经暴露了自己的身份，就不要再选他了。"

宋璟在官员的选拔上非常严格，也很能知人善任，量才适用。

当时，有两个相当有才能的官吏，一个叫李邕一个叫郑勉。二人虽有才能却总是爱凭自己的喜好做事，不按规矩出牌，随心所欲。宋璟觉得，如此之人，若居高位，必然会给国家带来不好的影响。可是他们两个也确实有些才能，若完全不用他们，也实在是不公。最终宋璟任命他们为渝、硖二州的刺史，视其政绩再加擢升；若不合格，就降职或者就地罢免。

当时，大理寺卿元行冲是一个非常有才能的官员，他任职前期，干事很积极，处理公务认真负责，政绩也非常不错。然而，时间一久，就不行了，什么都懒怠下来了，如此，宋璟便贬了他的官职。

玄宗觉得国舅岐山令王仁琛承袭父亲的爵位已经很久了，遂想把他升至五品。然而，宋璟对玄宗说："对于提拔和任用故旧官吏，朝廷有相关规定，不可以官吏任职的时间长短来进行提升；若破格提升，就会让群臣心里不服，引起议论。可令吏部对他进行考察，若确有政绩，且没有什么过错，可以依照规定对他进行提拔。"

玄宗听了，说："宋爱卿说得极是，就按宋爱卿说的办！"考察没有通过，玄宗也就没有对王仁琛的官职进行提升。

虽然执政风格各有不同，但是在为复兴大唐的路线上，宋璟施行的全是姚崇当初制定的路线，长期的基本路线，是不可以也不容许更改的。宋璟也严格按照这个路线行事，一点儿也不敢马虎。

与大唐相邻的北面有个兵力强盛的游牧民族，叫突厥，它经常仗着自己的军事力量在草原上横冲直撞，到处抢掠、危害别的民族。

开元四年，突厥的领袖默啜可汗带领人马去攻打拔曳固部落（亦称拔野古），取得了很大的胜利，在回去的路上很是得意扬扬。正感觉自己是多么了不起的时候，不承想，路边的树林子里却埋伏着一名骁勇的拔曳固战士，他突然冲出来，一刀削了默啜可汗的脑袋。默缀可汗的部下大惊，纷纷逃散。这名拔曳固部落的勇士就是颉质略。颉质略看着默啜可汗的头颅有点儿不知所措，因为默啜横行草原那么久，势力庞大，颉质略取了这颗人头，感觉自己的人头可能很快也会被别人拿掉。

刚好这个时候，唐朝将领郝灵荃出使突厥。颉质略就想：唐朝可是天朝大国，不如把这颗人头献给大唐，投靠大唐算了。于是，郝灵荃便得到了这颗人头。郝灵荃得到这颗人头之后，心中甚是欢喜，他想这个人头真是个宝啊，此次回去，自己还有可能被封为大将军！谁想，回去见了宰相宋璟后，宋璟却表现得一点儿也不热心。因为这时候不开疆拓土是大唐最为重要的基本国策之一，不主动发动战争，而是努力搞建设。宋璟只淡淡地对他说："真是辛苦你了，朝廷一定会赏赐你的，你静候佳音吧。"

宋璟让他等着。郝灵荃日也盼，夜也盼，总盼望能升个大官什么的，他心里最想的就是大将军一职了。然而，等了快一年，还是没什么消息。终于有一天，任职命令下来了，他高兴得跟什么似的，然而，宰相宋璟让他去当四品郎将。郝灵荃失望地捧着委任状号啕大哭，从此有饭也吃不下去，有水也喝不进了，气堵于心，没过几天就死了。

经过姚崇和宋璟两任宰相的精心治理，天下已经取得了大治，四方丰稔，百姓殷富，开元盛世已经初见规模。这期间玄宗也是夜以继日，每日四更天就起床批阅奏章，晚上很晚才能睡觉……不愧为大唐的一代明君。

宋璟被免职

宋璟遭罢免是因为经济上的一些治理失误。其实，这也不是最主要的，最主要的是随着大唐复兴的进程，宋璟已经越来越不适合当宰相主政了，也就是说他已经完成了他的历史使命。大唐经过多年的精心治理，大力发展经济，日渐繁荣，然而军事力量上却还是原来的样子，甚至还有些倒退。如此哪像个天朝大国？你经济上再繁荣，经不住人家军事上一攻，便稀里哗啦，如此怎能使国家安定？如此怎能使国家往前发展？姚崇和宋璟都是治理国家、繁荣经济的好手，可要发展军事却是个外行，因此这时候大唐需要的是能够承袭姚崇和宋璟的经济发展道路，又能发展军事的宰相。

"恶钱事件"是导致宋璟下台的由头之一。唐朝刚建立的时候，差不多依旧是自然经济占主体地位，男耕女织，自给自足，百姓之间确实需要交换的时候，通常也是以物来换物。

然而，至开元年间，随着生产力的发展，商品经济逐步恢复，百姓使用钱币越来越多，朝廷制钱的速度跟不上，便出现了民间制钱的现象，而且是越来越严重，因此出现了许多质量差的"恶钱"。

自古以来，私自造钱都是不允许的。于是宋璟大为恼火。赶紧下令收缴此类钱币,并严禁私自制钱。由于他过于急躁,没有把事情处理好。因为朝廷制造的钱币还没有足够的量,不够使用,又对持有"恶钱"的人没有给予相应的补偿,也没有给他们一些时间进行兑换。然而宋璟急于刹住这股"恶钱"风,对于这些事情都没有顾及,于是市场上很快出现了钱币流通不够的现象。如此,全国出现了一片反对之声,搞得玄宗很是不满意。

"旱魃事件"是玄宗罢免宋璟的又一个由头。宋璟刚正不阿,然而刚正太过,也不免成了一个缺点。他一向痛恨危害社会的坏人,对于那些已经定了罪、判了刑还要上诉的人更是讨厌,因此在处理事情上便不免有许多感情因素在里面,使有冤的人也得不到申诉。他曾经给御史台下过一道命令,言道:"罪犯只要认罪态度好,不上诉,可以为他们减轻刑罚,甚至可以将他们放了;然而,如果他们坚持上诉,就将他们永远关起来,直到他们死在牢里为止!"

如此,更多蒙受冤屈的人得不到申诉,反而还有可能带着更重的罪罚忍受屈辱。这也是他当宰相期间的一大弊政。

开元八年(720年)大旱,依风俗要举行烧旱魃的仪式。传说,旱魃是造成气候干旱的怪物,不少人说它是冤死鬼变化的。烧旱魃仪式是用两个人来饰演,一个扮成旱魃的模样,另一个来对他进行审问,然后痛斥一顿,将其烧死。传说只要将旱魃烧死,老天就下雨了,从而旱情也就缓解了。

关中平原遭遇的旱情尤其严重,皇宫也开始烧旱魃了。两个演员来到皇宫,其中一个演员扮成旱魃,另一个饰演审旱魃的人就问他:"你为何出来呢?"

饰演旱魃的人回答道:"我这是奉宰相之命出来的!"

审问者听了大为生气,说道:"你真是胆大包天,你怎么敢说是奉了宰相之命出来的呢?"

饰演旱魃的人说道:"宰相不让申冤,那些被关进监牢遭受冤枉的人可真是惨呀!他们都怨气冲天,使我这个冤死鬼不能不出来呀!"

这就可见当时对于宋璟禁止申冤的民愤之大,不是心中实在怨气难平,谁敢在皇帝面前演这个呢?

然而,风流倜傥的李隆基一向热爱文艺,因此并没有怪罪这两个饰演旱魃的人,却在心里对宋璟很是不痛快,暗道:"宋璟也真是该'下去'了,他虽然功劳很大,然而,确实也该'下去'了。"

如此一来,加上经济和司法方面的过失,宋璟于开元八年初,被玄宗罢免了。

玄宗对姚崇和宋璟这样为国家做出特殊贡献的前任宰相都给予了相当好的照顾。也为了让他们能够更好地发挥余热,在姚崇告老之后,玄宗立刻给了他一个开府仪同三司的闲散官位。开府仪同三司也是一品官,最高阶的文散官。在姚崇告老后,玄宗每遇到治国难题,还会把他召回来,向他咨询,这和现在的资政差不多。玄宗给姚崇规定,每五天都要到皇宫和自己见一次面,对国家的大政方针提出建议。当宋璟被罢相的时候,玄宗也给了他和姚崇同等的待遇。玄宗拉着宋璟的手说:"宋爱卿,你是国家的元老,也永远是朕的股肱之臣。以后虽然不任宰相了,可有什么想法,依旧要及时向朕说出来。"

宋璟是最爱向皇帝进谏的人,听了此话,心里很是感激,泪水都涌出来了。回家后,他很快将自己的许多意见加以整理,递了上去。玄宗很是重视,御笔给他回信道:"爱卿的建议,朕都张贴在朕的座位旁边了,以时时提醒,终身受用。"

宋璟见玄宗如此,心里很是舒坦,不禁感叹道:"真是一代明君呀!有此明君,大唐大幸!"

张嘉贞暂代宋璟

宋璟是不当宰相了,可这宰相总得有人来担任,接下来让谁当呢?这是玄宗考虑了很久的事情,直到事到眼前了还是犹豫不决,晚上也是辗转难眠。

有一天半夜,玄宗突然灵光一闪,想到一个人。这个人在开元六年的时候被人举报贪赃枉法,生活腐化奢侈。于是玄宗就下令去查。然而一查,发现此人为官清廉,根本就没有什么问题。玄宗十分恼火,当即就要追究那个诬告的人。没想到,此人却为诬告者说话了,他说:"陛下,臣以为不可以治他的罪,'兼听则明,偏听则暗',广开言路,方为国家之根本。若治他的罪,以后谁还再说话呢?万马齐喑不是比诬告更为可怕吗?"

对于此事,玄宗的印象很深,觉得此人肚量实在是太大了,完全可以撑船了,也就是说完全可以当宰相了。于是,禁不住对他说:"爱卿说得不错,爱卿可要在地方为大唐多做事,朕一定会重用爱卿的。"

一般的官员若听到皇帝如此说,肯定会先是惊喜地谦卑一番,然后表一番决心,然而,这个官员和他们却不同,他说道:"臣如今年富力强,正是精力旺盛为朝廷效命的时候,再过几年,臣也就老了,不能再为朝廷干什么了,陛下要是想重用臣,还希望能够尽快,不然就蹉跎了。"

话说得慷慨激昂，李隆基就喜欢这样有气魄的人，不喜欢唯唯诺诺、退退缩缩的人。玄宗觉得如此之人能够干大事。

玄宗此时突然想到此人，心里顿时非常振奋，于是连忙找来高力士，去传苏颋。苏颋是个大才子，他的父亲是女皇武则天当政时候的宰相苏瑰。苏颋从小就被人称作"神童再世"，出口成章。传说，苏颋在刚学会说话的时候，他父亲有个当京兆尹的朋友逗他说："你知道京兆尹的'尹'字如何写吗？"

没想到苏颋张口说："丑虽有足，甲不全身。见君无口，知伊少人。"

这位京兆尹吓了一大跳，如此一个小儿，竟能说出这样的话来。难道是天生的吗？这要长大了还了得？

苏颋长大后，果然成了个大才子，论文章，和文坛领袖张说齐名。张说被封为燕国公，苏颋被封为许国公，人们把他们两个合在一起称为"燕许大手笔"。

当初李隆基发动唐隆政变诛杀韦氏之时，要连夜拟写许多文告，大谋士刘幽求起草了些，但是根本忙不过来。刚好苏颋在太极殿值班，于是就让苏颋来写。苏颋口授，由一名小吏来执笔。苏颋文思泉涌，口若悬河，小吏跟不上，急了，便央求苏颋道："大人，您文思敏捷，说得太快了，我手腕子都写得快折了，也还是跟不上！"

在场的人都哈哈大笑，说："你要是跟得上，也是个大才子了。"

玄宗读了很多书，学识渊博，平时也很会写文章，可是对苏颋却极为佩服，每次起草诏书的时候，都虚心地嘱咐："诏书，朕难以存留。烦请爱卿再写个副本出来，朕好学习学习爱卿的好文章。"

苏颋文章写得好，此外还有个最大的长处是跟卢怀慎一样，很能明白自己跟宰相之间的关系，并且比卢怀慎更为优秀。卢怀慎当时被称为姚崇的"伴食宰相"，而苏颋就不同。

每逢宰相宋璟要办什么事，苏珽总是倾心以助。比如说宋璟在皇帝面前直言极谏时，他便会在一边帮着宋璟说话。当然也不是瞎帮，而是对宋璟思路的深刻领悟。他口才好，才思敏捷，而且最重要的是他跟宰相宋璟总是配合得非常好。有时，宋璟与皇帝之间意见产生了分歧，虽然玄宗的意见不对，但他是皇帝，宋璟独力难支，难以说服皇帝。苏珽便会站出来协助宋璟，把皇帝说服。所以说，苏珽是一位很好的宰相副手。

此时，玄宗半夜将苏珽召来，苏珽还不知道是何事，急急忙忙进宫。玄宗见了他，就连忙说道："有一位大臣，朕觉得他的能力和品德都相当好，可以接替宋爱卿之位，但朕现在就是想不起来他叫什么名字了，好像是姓张，名字是两个字，是一位边将，苏爱卿你快帮朕想想，这个大臣到底是谁？"

苏珽道："可能是张齐丘吧？他的名字是两个字，现正担任着朔方节度使呢。"

玄宗也拿不准，说道："可能是吧？可能就是他，就是他。"

苏珽说："陛下可再仔细想一想，不过张齐丘也确实不错。"

玄宗说："是他，苏爱卿你赶快拟一道诏书出来，命他速来接替宋璟当这个宰相。"

苏珽领旨拟他的诏书去了。

苏珽走后，玄宗脑子里还是有点儿空，总觉得心里不踏实，于是又坐在案头翻阅奏疏。翻过来翻过去，突然看到了张嘉贞的奏疏，玄宗心中豁然开朗，不是张齐丘，是张嘉贞！

于是，又命高力士再次将苏珽叫来，兴奋地说："不是张齐丘，是张嘉贞！快把名字改过来！"

如此，张嘉贞来到了都城长安，当了首席宰相。

然而，张嘉贞还不是玄宗最理想的首席宰相人选，让张嘉贞当宰相只是权宜之计。张嘉贞是个好官，既懂文治，也懂军事，处理政事认真干练。然而，他没有像姚崇和宋璟那样把握大方向的能力。而这样的能力又是当宰相最为关键的东西。

那眼下谁才是最为合适的宰相人选呢？

张说的回朝之路

此时再说当初跟随李隆基发动政变的功臣宰相张说。

当初让他下台,贬他出京是因为他们这些功臣居功自傲,且不懂得玄宗复兴大唐的雄心,不但对复兴大唐毫无益处,而且还影响能够复兴大唐的才能之士发挥应有的作用。后来,皇帝便听从姚崇的建议将他们都贬了官,到地方去锻炼了。特别是大宰相张说,当初被贬下台,自然是想不通的,可随着时间的推移,姚崇、宋璟协助玄宗复兴大唐的步伐逐步迈开,他就慢慢地"悟道"了,心里明白道:"哦,原来如此!"

于是,他也在思考,思考国家的命运,大唐应当如何复兴……他不是个笨人,自小便是一个天才,与苏颋一样都是神童。长大后,在女皇武则天时期的科举考试当中一举夺魁。

开元三年(715年),张说被贬为岳州刺史,正是他的人生最低谷的时候,然而,他并没有消极。他作了一首《岳州作》:

夜梦云阙间,从容簪履列。

朝游洞庭上,缅望京华绝。

> 潦收江未清，火退山更热。
>
> 重欹视欲醉，憹满气如喧。
>
> 器留鱼鳖腥，衣点蚊虻血。
>
> 发白思益壮，心玄用弥拙。
>
> 冠剑日苔藓，琴书坐废撤。
>
> 唯有报恩字，刻意长不灭。

张说在这首诗里是想说，他虽然身在岳州，可是一刻也不会把京城给忘了，把朝廷给忘了。他没有心思弹琴，也没有心思练剑，他的一腔热血，只想着为国出力，为皇帝出力。

除了诗歌以外，他写墓志一类的大文章也非常好，天下文人都争相学习他的风格，因而他成了"一代文坛宗师"。

张说被贬，时时刻刻思虑着如何才能再次回到朝廷，为大唐的复兴出一把力。他从来没有消极过，他思考，他分析，他奋发，他在时刻准备着。他相信机会总是为有准备的人提供的，他也相信总会有那么一天。今日的天是明朗的天，今日的玄宗是历史上罕见的有道明君，是能让大唐复兴的有为皇帝。

他当幽州都督的时候写的《幽州夜饮》，最为脍炙人口：

> 凉风吹夜雨，萧瑟动寒林。
>
> 正有高堂宴，能忘迟暮心。
>
> 军中宜剑舞，塞上重笳音。
>
> 不作边城将，谁知恩遇深。

这张说可不是单会文的官员，他完全可以说是文武兼备、非常有胆略的人。张说于中宗之时便开始担任兵部侍郎,自玄宗登基之后,更是许多时间都在军队里担任职务,军事经验极为丰富。

开元七年(719年),张说任检校并州大都督府长史兼天兵军节度大使。朔方军常驻并州。朔方军与天兵军紧邻,天兵军常驻现在的宁夏灵武。两个军全驻扎在胡汉交界的地区,因此,所辖之地都有许多归顺大唐的少数民族部落。

这年秋,朔方军节度使王晙疑心自己管辖的后突厥汗国要造反,就将他们诱骗杀掉了。如此一来,张说管辖的其他部落的人也非常恐慌,心想:这会不会是唐朝的阴谋?先将突厥给灭了,然后再对我们这些人下手?张说看局势很不稳定,大有一触即发之势。他想:如果这些部落全骚动起来,那真是不好收拾,对于大唐的稳定将会有很大的影响。

张说沉着冷静,不愧是当过宰相,当过兵部尚书,见过大世面的人,他当即决定亲自去安抚这些部落。为了取信于这些部落,使他们完全把心放下来,他命令副使李宪好好看守营寨,自己只带领20名亲随骑兵,持节安抚各部。他和这些部落首领亲热地寒暄,真诚以待,晚上就住在这些部落首领的牙帐里,给他们讲解大唐朝廷对归降部落的政策,做他们的思想工作。

张说这样做让手下的人都很是害怕,看当时的形势,那真是一触即发,无疑是以身饲虎,太危险了,要是有个三长两短,这可如何是好?跟随他来的20名亲随骑兵的心也时刻在悬着。副使李宪很是不放心,连忙给张说写信,要张说一定不能轻易相信这些少数民族部落的首领,应和他们保持一定的距离,无论如何安全是最为重要的。张说看了信后,微微一笑,提笔回信说:"吾肉非黄羊,必不畏吃;血非野马,必不畏刺。士见危致命,此吾效死之秋也。"

张说的意思是说,他的肉并不是黄羊的肉,他根本不害怕会被吃掉;他的血也并不是野马的血,他也根本不害怕被这些人喝;现在情况非常紧急,正是需要自己为国尽忠的重要时刻。

人心都是肉长的。其实，这些少数民族部落如果不是真正感觉遇到危险，也根本不会发动什么叛乱。张说这样做，使他们心里非常感动，很快打消了原来的想法，完全把心放在了肚子里。于是，局势由危转安。

开元九年（721年）四月，突厥降将康待宾反叛。突厥人本来已经归顺大唐了，被安置于河曲地区。朝廷为他们设立了六个羁縻州。然而，还是有一部分突厥人叛乱了，大概有六七万人之多。突厥人都很能打仗，也很是勇猛，很快就把六个羁縻州给占领了。他们声势之大，使得位于今宁夏地区的党项人也很快起来响应。局势一触即发。叛乱地区离京城长安可不是太远，于是，玄宗马上命河曲附近的几个节度使率军镇压叛乱，张说的天兵军也在其中。

张说率领的天兵军甚是英勇，锐不可当，他们攻击的对象不是突厥，而是党项。党项的军事实力在那个时候还相当弱，因此被张说的骑兵迅速击溃。党项人不想被大唐消灭，于是就掉头攻打，为朝廷出力，算是立功赎罪。有将军说："这些党项人反复无常，不如全部剿灭，免得以后再次生事！"

张说听了这话，很是生气，怒道："我们的军队乃王者之师，不是土匪山贼，怎么能杀已经归顺自己的人呢？何况他们现在还都为朝廷出力，在战场上血战突厥呢！"

党项人心里很是感激，对张说更是心悦诚服。

张说不是只会打仗的武夫，更不是只会写些文章的文人。他是量大能撑船、胸中有沟壑的文武双全的宰相之才。

为了重回朝廷，张说自己也做出了不少努力。

在苏颋刚刚当上宰相的时候，张说凭着过去和苏颋的父亲苏瓌同朝为官的关系，就开始在苏颋身上用心了。他想：自己离开了朝廷，可朝廷总得有人为自己说话吧，得让皇帝知道自己的好，时时记得自己，不然，什么时候才能重回朝廷呢？

那时候，苏颋的父亲苏瑰已经下世许多年了，眼看忌日又到了，张说一方面感念老友，另一方面也在为自己重回朝廷打算着。他精心写了一组名为"五君咏"的诗。五君也就是唐朝五位很有名的大臣，苏瑰是当中的一位。张说想要把这首诗献给苏颋，以示祭奠。张说知道，像这样的诗如果随随便便送的话，就没什么意思了，也起不到应有的作用，必须找一个最佳的时机。于是，张说对派去送诗的人反复叮嘱说："你早几日前去，先于苏颋家附近找一个地方住下来，待苏瑰忌日那一天，你不能早，也不能晚，一定要到最好的时候——黄昏时分送过去。"

被派去送诗的人，自然不是傻瓜，都是办事非常精明老道之人，一点就透。

苏瑰忌日那天，这个人按照张说的吩咐，来到了苏颋的府上。此时，苏家高朋满座，宾客如云，差不多朝中的大小官员都来了。因为苏颋本人正当着朝中的宰相，宾客自然比一般官宦人家办此类事的宾客要多得多。也就在这个时候，张说派来的人向苏颋献上诗道："苏大人，岳州刺史张大人献诗一首，以祭奠苏老丞相在天之灵。"

张说的诗文天下闻名，在座的谁不知道？他专门为某个人写诗，也是非常难得的事，于是，在场的人都把目光投向了苏颋这里。苏颋虽然诗文也很好，然而，英雄惜英雄，他和张说之间从没有发生过文人相轻的事情。苏颋连忙接过来，只见上面写道：

许公信国桢，克美具瞻情。

百事资朝问，三章广世程。

处高心不有，临节自为名。

朱户传新戟，青松拱旧茔。

凄凉丞相府，余庆在玄成。

诗写得很动真情，同时赞扬了苏门两代人。

众人一一传看后，无不拍手叫好。其中一个人说："'有余庆'说得好，两代人都当了宰相，真是有余庆呀！"

另一个人道："这个典故用得很是精妙！东汉韦玄成父子两代也同样都是宰相，真是令人羡慕啊！"

苏颋心里自是感激张说。他想：这张大人也真是至情至性的人呀，如此大才，总在下边当官，也真是可惜了。此后，他就总是对周围人说张说的好话，在朝堂之上也是如此。其实，玄宗的心里也没忘了这些包括张说在内当初跟随自己发动政变的功臣。没有他们，怎会有自己的今日呢？怎会有今日的大唐呢？当初让他们下去，就是为了锻炼锻炼他们，以便日后继续为国出力，特别是像张说这样有特殊才能、当初位置又很高的功臣，玄宗更是时刻惦记着。

如今苏颋再一提张说，玄宗心里更是想念张说了。加上周围的臣子一附和。于是很快就提升张说当了荆州长史。

张说原本就是朝中的第一大宰相，一个荆州长史，怎么能是张说的最终官位呢？张说心中暗道：我必须重新坐上宰相之位，它原本就是我的。

不久，张说改任右羽林将军，兼检校幽州都督。张说意识到，大唐该是文治和武功同时进行的时候了，如今这局面除了自己能当第一宰相外，朝廷内外还会有谁呢？显然，必须要提醒一下玄宗才行。于是，在他进宫觐见皇帝的时候，穿了一身盔明甲亮的军装，显得分外精神和威武。玄宗一见戎装在身的张说，甚是欣喜。正日夜思考着，如何选一个文武都过硬的人来当宰相。皇帝连做梦都梦见有一个威武的宰相来辅佐自己。一身戎装的张说此时就像是从皇帝的梦中走出来的一样，玄宗禁不住大喜："张爱卿如此装束，可真是威武啊！"

然而，张说知道提升还需一步一步来，不可操之过急。几年后，玄宗升任张说为并州长史，兼任天兵军节度大使。并州是大唐的龙兴之地，当初玄宗的先祖李渊就是在并州开始起兵反隋的。一般来说，此地的最高官位都是由皇子兼任，张说的长史之位虽说是副职，但因为皇子不处理具体事务，实际还是长史在处理具体事情，所以长史掌管并州的实际权力。让张说同时兼任文、武两个职位，可见玄宗的良苦用心。张说很快就能重登宰相之位了。

玄宗在不动声色地提拔着张说，而张说在干好分内工作的同时，也在积极地向那个理想目标努力迈进着。

这一次，张说准备结交王毛仲。如今的王毛仲已经是朝中大臣了，出来进去，风光无限，皇帝也对他非常信任，是皇帝身边的红人。其实，两人关系本来就不错，同是当初玄宗发动政变时的功臣，当初他是宰相，而王毛仲是玄宗的亲信侍卫，有着共同的政治理想和利害关系。所以张说套近乎就更容易了。

张说不傻，知道自己在地方的所作所为和政绩必须及时让玄宗知道才行，不然的话，自己在地方再怎么卖命地干，皇帝却一点儿都不知道，那自己什么时候才能重回朝中呢？王毛仲是皇帝身边的人，如果想让皇帝知道自己在地方的政绩，最好的办法就是和王毛仲走得近一些，关系再好一些，到时就算自己不说，自己的政绩也会通过王毛仲传到皇帝那里。

张说自担任并州长史开始，就注意送王毛仲一些他喜好的礼物。王毛仲出身卑贱，因此也最知道钱财的好处，张说投其所好总是送他一些金银财宝。这让王毛仲觉得张说这个人真是好人，既能干，又非常懂礼节。于是，见人就说张说的好话，每逢张说在地方干出了政绩，他也会很快传达给皇帝。开元九年（721年）突厥降将康待宾反叛，玄宗命张说带兵平叛，王毛仲也被派去增援。

平叛归来，王毛仲详详细细向玄宗述说了张说在战场的优秀表现。

玄宗龙颜大悦，暗道："张爱卿果然没负朕。"

玄宗李隆基终于下决心让张说回朝担任宰相了。张说激动得老泪纵横！终于等到这一天了！

张说取代张嘉贞

开始张说回朝当的宰相也并不是首席宰相,玄宗还是想让张说再锻炼一下,他先是命张说当首席宰相张嘉贞的助手。

张嘉贞虽没有张说优秀,但也是明经出身,也是担任过武职的官员,文武双全,并且这一年多在宰相的位置上干得也不错;虽没有大的建树,做事也是精明干练,没有犯过什么错误,尤其府第是非常廉洁。他身为宰相,从没有为自己的私利打算过,更没有买过土地、府第什么的。亲友曾私下劝他道:"您如今当着宰相,为什么不趁此机会多为自己置些家产?这样,以后的日子也就无忧了。"

张嘉贞却说道:"我如今是宰相,只要不做错事,不触犯国家法律,无论如何也不会到没有饭吃的地步,自古以来也没有听说过饿死宰相的。"

亲友说:"是没有饿死宰相的,但该置买的也要置买呀!"

张嘉贞说:"你让我置买家产,无非是为子孙后代打算。然而,如果我的子孙后代有能耐,便无须我为他们置买什么家产;若他们不走正道、无能,我就是给他们留再多的东西也没用,反而害了他们,不如不留。"

张嘉贞心里多明白呀!让人心里佩服。所以,没有必要将张嘉贞换下来,玄宗只好先让张说当了他的助手。

在姚崇推行新政，大唐走上复兴之路后，朝中一直是正、副两位宰相，而此时张说当了副宰相，另一位副宰相源乾曜依然在位，也就是说，此时朝中同时有三位宰相，一正两副。

对于一主二副三个宰相的使用搭配，玄宗很有一套，运用得也很是巧妙。这就像是绿叶和红花搭配一样，绝不可互相争锋。要想搭配好，首先要好好想一下三个宰相的性格和能力，以及他们之间的私人关系。雄才大略的玄宗每次都把握得相当出色，比如他为姚崇搭配的副宰相卢怀慎。卢怀慎这个人虽然不能完全领会皇帝和姚崇复兴大唐的思路，但他很有自知之明，有大局意识，从来都很配合姚崇，从不与姚崇争锋。即使有人说他是"伴食宰相"，他也毫不介意，这就叫胸怀和肚量。并且他还很有德，为官非常廉洁，能够以身垂范。又如，玄宗为宋璟搭配的副宰相苏颋。苏颋人们都知道他是个大才子，很会写文章。他当副宰相与卢怀慎差不多，就是都能够摆正主从之间的关系。

再说另一位副宰相源乾曜。源乾曜也是一位不错的副宰相，很能以身作则。朝廷为了提高地方官员的素质，对京城官员和地方官员进行交换调动，实行了一段时间，有不少京城官员还是不大高兴到地方去。然而，作为副宰相的源乾曜自己对玄宗提出来说："陛下，不是有许多京官不高兴到地方去任职吗？那就从老臣的儿子做起吧！老臣有三个儿子，全部在任京官，就留下一个，让其余的两个儿子都到地方去吧！"

玄宗和满朝的文武都很感动，说："这样的宰相，真是百代也少有的好宰相呀！"

玄宗颁布诏书，对他进行大力称赞，让全国所有文武官员都向他学习。

宰相都率先垂范了，其他官员也就无话可说了，那就往外调吧！一时间，便有一百多位朝中大官的子弟愿意调出京城。

食封制也是在他们这一任宰相的时候开始推行的。那是玄宗对清廉的宰相给予的支持和肯定,当然也是对他们的奖励。食封制是于宰相的俸禄之外,另外给他们300封户。所以,张说即使再优秀,也不可能一上来就当首席宰相。何况,张说在刚被重新提升为宰相的时候,大唐的朔方又发生了叛乱,需要一名得力的大臣前去平叛。派谁去呢?玄宗思来想去,还是觉得刚被提升为宰相的张说行。于是张说便被派往朔方兼任节度使去了。

那么,这个地方为什么又乱起来了呢?原来,都是因为当时那个朔方节度使王晙和朝廷派去支援的另一个节度使闹矛盾引起的。派去支援的节度使名字叫郭知运。因为他们两个平时关系就不好,因此在郭知运还没有带兵到朔方的时候,王晙一听郭知运要来,就心里老大不高兴,他知道郭知运来了之后,跟自己是很难配合的,因此,连忙给朝廷写信,不让郭知运来。然而,朝廷还没有做出决断,郭知运却已经到了朔方。郭知运来到朔方之后,听说了王晙向朝廷写信不要自己来的事情,心中很不痛快,两方的矛盾更为加深了。由于彼此心里都不舒服、憋气,因此两人就更难配合。一些突厥人本来已经归顺了大唐,归顺了王晙,然而,郭知运偏要去打。如此一来,就把突厥人给弄蒙了,也因此激起了他们的反抗意识。你想置他于死地,他能不跟你拼命吗?于是就说道:"王晙无信,反正我们无论怎样都是死,那就跟他们拼了吧,说不定这样还能找到一条活路!"叛乱遂起。

李隆基在京城获悉消息,十分生气,认为王晙没能力平叛,随即免去了王晙的官职,张说对朔方的情况熟悉,便让张说以宰相的身份暂时去顶替王晙。

张说在朔方大力平叛,干了半年,直到十月才将叛乱完全平息下去。期间张嘉贞主持政局。

张嘉贞和张说各方面条件很相似,就连所喜爱的文人也都是同一个人。他们两个都喜欢当时的著名诗人王翰,认为王翰的诗写得好,是少有的天才。王翰曾写过一首很有名的诗《凉州词》，内容是这样的：

葡萄美酒夜光杯，欲饮琵琶马上催。

醉卧沙场君莫笑，古来征战几人回？

王翰诗写得不错，有点儿才华，但总是恃才傲物，感觉自己和别人不一样，高别人一等；因此也总是遭人嫉恨，很多人见了他，都躲着他。人们都明白：你就是跟他说话，他也爱理不理的，很瞧不起你，还不如不理他呢，也省得自个儿难堪。然而，张说和张嘉贞，却都很喜欢王翰，都对王翰礼遇有加，总是给予他帮助。

张说刚上任的时候，玄宗还对张说和张嘉贞说："你们共同之处很多，也都很了不起，都是朕的股肱之臣，朕希望你们两个以后和源乾曜倾心协力共同辅佐朕复兴大唐！"

二人同声答道："谨遵陛下圣命！"

二人口头上虽这样说，实际心里却不这么想。对于张嘉贞的官位在张说之上，张说心里总是不舒服：不要说张说比张嘉贞有能力，就是在以前，张嘉贞也是张说的下属，如今反过来听张嘉贞的，张说心里怎么会痛快呢？何况这样，自己的才能还不能充分发挥，总有张嘉贞在他前面挡着。

而张嘉贞呢，见作为下属的张说不服他，他自己心里也不好受。这张嘉贞也是生来性格刚强的人。比如，在他还是一个平头老百姓尚未发迹的时候，由于他为一个排查地方的御史写了一篇排查结果的报告，得到了御史的赏识而把他直接推荐给了女皇武则天。武则天很是喜欢有才华的人，当即传旨召见他。他入宫觐见女皇武则天，武则天隔着珠帘和他说话。这张嘉贞那时胆子就很大，觉得女皇帝此举很伤他自尊心，就说道："我一个布衣百姓竟然能够得见陛下，对于我而言，是千年难遇的好机会。可是陛下却在我面前以珠帘相隔，这不单是挡住了陛下的日月光辉，也恐怕有碍于陛下您的圣君之道吧！"

武则天闻言，觉得此人不可小觑，连忙命人撤去了珠帘。

你说像张嘉贞这样连女皇武则天都不怕的人，他会怕张说吗？不管怎么着，他也不会怕张说。因此他们两个逐渐产生了矛盾。

然而，是锥尖总会露出来的。张说终究是比两个副宰相优秀一些，有气魄一些，有独特的思想和路子，这是怎么也遮不住的。

开元十年，玄宗把三个宰相召入内廷，讨论一件事情。讨论的事情是广州都督裴伷先犯法应如何处置。源乾曜是一个当惯了副职的人，也自认不如张说和张嘉贞两位宰相，凡事不坚持己见，一般都是听张嘉贞和张说的。张嘉贞是第一宰相，自然是第一个进言。他说："陛下，如此犯官就应当在朝堂之上施行杖责，以儆效尤！"

玄宗还未说话，张说就紧接着进言道："陛下，如此不妥，自古就有一句话叫作'刑不上大夫'。裴伷先是陛下的重臣，应当维护他的脸面，让他有荣誉感，不可对他进行侮辱。君臣之间有礼有仪，方像朝廷，裴伷先犯了法，以律治罪，即使是杀了他都可以，所谓'士可杀，不可辱'。如果对他进行杖责，会令天下的士大夫寒心的。以前臣没在朝的时候，朝堂之上就这样打了不少大臣，臣觉得以后千万不可再打了！"

说得义正词严，慷慨激昂，且有理有据！就是一旁的源乾曜也连声附和，说："陛下，张相说得很对呀，是不能再如此下去了。"

玄宗心里一阵激动，方知道以前做的那些事全是错误的，现在多亏张说提醒自己，不然酿成大错，就无法挽回。不禁心里对张说多了几分喜欢！

不用说，这时候的玄宗已有了让张说代替张嘉贞之心。

对此,张嘉贞很是不高兴,有抵触情绪,感觉张说是打了自己的脸,显得自己很没能力,把自己当宰相以来所做的全给否定了,以后皇帝还会信任自己吗?自己还是首席宰相吗?退朝后,他就对张说埋怨说:"你为什么非要在陛下面前那样说,使我难堪呢?"

张说严肃地说:"我们虽然在当宰相,可谁也不会在宰相位置上干一辈子,早晚要卸任的。说不定明日就会变成一般的朝臣,若这些事落到我们身上,我们会怎么样呢?因此,这不单单是为了一个广州都督裴伷先,这也是为了天下所有士大夫着想呀,请您认真想一想,我要是有得罪之处,还请多多包涵!"

第二年,张嘉贞的弟弟犯了法,由于贪污,被人举报了。张嘉贞和弟弟的感情很深。在他们很小的时候,父母就都死去了,只留下他们兄弟两个,你说两个人感情能不深吗?在张嘉贞刚当上宰相的时候,张嘉贞对玄宗提的第一个要求就是把这个兄弟调到京城自己的身边来。弟弟来到京城后,也算能干,在哥哥张嘉贞的庇荫下,很快升为三品金吾将军。兄弟两个一时间在京城里甚是荣耀,哪个不羡慕!然而,此时弟弟却因犯法罪入了大牢。

此事当然危及张嘉贞的荣誉,张嘉贞心急如焚,一时也不知如何是好。这时候,张说给他出主意说:"陛下对张将军平时那样信任,张将军还犯如此错误,陛下肯定会非常恼火,我觉得您最近还是不与陛下见面为好,免得陛下看见您不高兴,降罪于您。"

张嘉贞问计于张说道:"那你看我该如何呢?"

张说道:"我认为你不如先待在家里,不要上朝,素服待罪,以示自己的悔罪之心,陛下看你表现得好,说不定会从宽发落张将军的。"

此时的张嘉贞一时也没了主意,家里出了这样的事情,平时说话的底气也丧失了。张嘉贞在无计之下,觉得张说对自己还是不错的,如此关心自己,于是就听了张说的话，不去上朝，在家里素服待罪，以表悔过之心。

谁知，玄宗见张嘉贞连日不上朝，心中更是生气，想你弟弟犯了贪污罪，你不来朝中好好表现，是向朕示威吗？

不管你当什么官，是多么好的官，都难以避免地会得罪人，此时张嘉贞不在，他的弟弟又犯了罪，正是张嘉贞倒霉的时候。于是，就有不少官员趁机向张嘉贞扔石头，说张嘉贞的坏话。有个瘦子大臣说："张嘉贞为官非常廉洁吗？实际不仅他弟弟贪污，他本人在办理朝廷政务的时候也不干净。"

有个小眼大臣说："哦？怎么不干净了，说说看。"

瘦子大臣说："曾有一年，有个官员在洛阳为他建造了一座庞大华丽的府第，之后，他害怕事情露馅，就想方设法把那个官员给逼死了。"

有个胖子大臣说："张嘉贞当宰相这些时间，光为自己考虑，结党营私，只重用自己的人，将他的亲信全安排在中书省。"

……

张嘉贞不上朝，在家素服待罪，谣言和诽谤就把他在朝中的位置给占了，让他再也回不去了。玄宗近来本就心里烦他，又总在耳边听到这样的话，就更是对他有意见了。何况，玄宗还惦记着让更有能力、有气魄的张说代替他呢。于是没过多久，张嘉贞就被玄宗以治家不严罪罢免了，赶出京城去了。

张嘉贞没想到自己会落到这个地步，原想听张说的话不上朝，在家素服待罪，玄宗会对自己的兄弟宽大，没想到如此一来，反让自己陷进去了。此后，他又听人说他不上朝的时候，朝中大臣对他诽谤，回头想想，很是恨张说，认为是张说在给他下套！因为，他被罢职之后，张说即刻代替了他。想到极端处张嘉贞就很想找张说拼命，心里总是憋着一股气。在人前，他就对人说："中书令的员额本来有两个，张说想当的话，可以与我共同担当嘛，为什么非要算计整我呢？"

其实，张说原本是一番好意，完全是为张嘉贞着想，想要他暂时避开是非，谁知会出现如此的结果呢？

不管怎么样吧，朝中又只剩了一主一副两个宰相了。张说升任中书令——正宰相。

不愧是张说

张说上台当首席宰相，要大显身手了。张说在地方锻炼那么多年，心里却时刻都在关注着朝廷的动向，因此也把时代发展的方向完全弄清了，把玄宗的心思真正揣摩透了，加上他自己在地方的具体工作经验，早已经有了推进大唐复兴的一整套计划。

张说首先是实施军队的改革。此时大唐的军队存在一个问题，那就是边防军过多，而京城守卫的兵过少。大唐的边防军是六十万人，有人觉得还不够用，然而，张说自己心里有一杆秤，觉得太多了，浪费人力、财力。

开元十年（722年），张说带兵将河曲叛乱的突厥人平定回到京城之后，就把这样的想法向玄宗提出来了。他说："陛下，如今边防形势稳定，不如先将边防军队裁员二十万，让他们都回家种田进行生产。如此也能够增强国力，使国家减少开支。"

玄宗听了，半天没明白："什么？你说什么，张爱卿？"

张说重述一遍。这次玄宗听清了，睁大眼睛说："边防军总共才六十万，这一下子裁去二十万，如何裁？我们不要边防了吗？即使如今边防形势稳定，也还是需要军队的呀！"

张说道:"陛下,当然要边防呀。然而,根本不需要那么多士兵。"

玄宗说:"怎么不需要?平时那些边防将军都在向朕要求增加兵员呢,说他们手下的兵员不够。如今爱卿怎么要裁这么多的兵员呢?"

张说道:"陛下,臣在边疆数载,很知道边疆军队的真实情况,我大唐最大的威胁就是突厥,然而,自打突厥的首领默啜可汗被杀后,突厥的军事力量就不行了。如今他们自己都不能顾得住自己了,如何还会对我大唐形成危胁呢?再者,从军事的角度来看,兵贵精而不在多。那些将军向陛下讨要兵员并非为了国家,而是为了自己的私利。兵员多了他们就能够更多地侵吞朝廷配发给兵员的军需物资,还能够让这些兵为他们干些私活儿。当然,其中最大的危害就是边将加强他们自己的军事实力,拥兵自重,他们的这些作为和边防是毫无关系的,弄不好还会威胁到朝廷。"

玄宗听了,心里颤了一下,渐渐有点儿明白过来了,说:"真是这样吗?"

张说道:"的确是这样的。陛下,如今河曲的突厥人都被平定了,天下归心,根本不需要那么多兵员。只有经济繁荣了,国力才会真正增强!"

最后一句话说到玄宗的心坎里去了,以前为什么发展军事?为什么开疆拓土?就是为了发展经济,增强国力。于是玄宗说道:"张爱卿说得对,然而,一下子裁去这么多兵,朕还是有些担心呀。"

张说信心满怀地说道:"请陛下放宽心。如有什么事情,老臣愿意以全家的性命来担保!"

玄宗满意地看看张说,明白他忠心为国,实在精神可嘉,便说道:"如此,就依爱卿所说,裁军吧!"

于是,全国的边防军队一下子就裁去了二十万人,这二十万兵士回家种田去了。农业生产得到加强,粮食产量很快就上了一个相当高的台阶,国力增强了许多。这无疑是一项不小的政绩,也是张说在地方沉淀了那么长时间结出的硕果之一。

边防军存在的问题解决了,接下来便是守卫京城的士兵问题了。守卫京城的士兵存在的问题就是数量太少了,太少的原因就是人们一般都不愿当守卫京城的兵,都逃走了。为什么会这样呢?因为在唐朝前期,执行的是府兵制。府兵制规定,各卫的府兵从成丁(二十一岁)那一年开始,到六十岁的时候才能免除兵役。府兵最大的特点便是兵农合一,府兵自身全是均田的农民,无事的时候就在家种田,发生战争的时候,就自己准备作战时所用的东西,跟着军队去打仗。除了跟随军队去打仗和边疆镇守外,还必须轮换着去京城进行守卫。这样的制度,让百姓负担很重,也没多少时间来种自家的田,于是都不愿意去当兵。再加上,边疆的将军总是向朝廷讨要兵员,因此,守卫京城的兵越来越少,甚至都招不满员。

张说对这件事思虑已久,这时候便向玄宗说道:"陛下,看来必须废除府兵制了,否则,百姓真是苦不堪言,也使我大唐京城的守卫力量越加薄弱。不如干脆朝廷花钱养兵算了,招募士兵,不管是什么身份,什么经历,凡是愿意来京城当兵的,朝廷就将他们招募过来,去充实各军府。他们不必担负任何名目之劳役,再发给他们军饷。如此,那些不愿当兵逃避兵役的人都会愿意来当兵了。"

玄宗一听,大喜:"张爱卿这个办法甚好,就依此行事。"

玄宗当即命令在近京城的几个州招募兵士,那些青壮年听闻朝廷这个制度,甚是欢喜,争相来报名,不到十天的工夫,朝廷就招募到当兵吃粮的兵勇十三万人。

从此以后,兵农分家,朝廷再也不实行什么府兵制了。军人成了一种职业,更加专门化,当然也更为精良了。兵不在多,在于精,就此实现。由此可见张说的才华。

玄宗登基以前,大唐的北方边境那可真说是危机四伏。在武则天当上女皇的时候,万岁通天元年(696年),契丹的李尽忠利用民族之间的矛盾,趁机煽动自己的部下反唐,并很快将营州占领。当时,女皇武则天闻报大吃一惊,赶紧派兵前去平叛,然而,由于平时不注重加强军队建设,竟然被叛军打败了。就在这以后,也就是705年,安西地区的碎叶镇也被突厥给占领了,丝绸之路被中断,从而对大唐的声誉和外贸经济造成了很大的影响。

大唐刚刚建立的时候,北方的领土曾经统一,并且还设置了单于都护府和安北都护府,分别对长城内外至今贝加尔湖的广阔地区进行管辖。至女皇武则天的时候,由于军事力量薄弱,突厥人总是到边疆进行骚扰,并将蔚州和定州也强夺了去,逼得大唐不得不将安北都护府向南迁徙。

玄宗登基之后,早就想着要把这些地方收复回来,他是不能容忍别人抢占自己的土地的。

因此,在玄宗听从张说改革主张之后,又紧接着实施了许多治军步骤,并颁布《练兵诏》,让西北的军镇对军队进行扩充,加强训练;让时任太仆卿的王毛仲当内外闲厩使,对军用马匹的供应进行负责。

为了真正解决军粮问题,玄宗又颁令对屯田的范围进行扩充,于西北和黄河以北的地区加大屯田的力度,提高粮食产量。

待做好一切准备之后,玄宗就开始有步骤地对失地进行收复。在大唐强大的军事威力下,长城以北的回纥等部落都主动取消了独立割据的称号,又回归了大唐。安北都护府很快恢复了,唐朝重新开始对长城以北的地区实行管辖。

对西域地区的恢复管辖经历了两个阶段:首先是将碎叶镇收复;其次是对丝绸之路的恢复。由此,大唐又有了先前的威望,比太宗在世的时候一点儿也不差。

进行了军事改革之后,张说又主张再进行一次行政改革。

当初被姚崇代替、从宰相的位置上下来后,他真是做了全方位的、深刻的反省和思考。在思考中他发现,宰相的日常工作也存在着很严重的不合理成分,有许多弊端。

首先,就是宰相的工作过于辛苦了,因为那时候的宰相都是兼职的。比如说,唐朝前期,朝廷实行的是三省六部制。最早的时候,三省的最高的长官全称为宰相,到了后来,尚书省最高的长官尚书令不再称为宰相,剩下的便是中书令与门下侍中了。然而,中书令与门下侍中也不是专职宰相。他们仅仅是在上午的时候到政事堂一起谈论研究大政方针而已,下午回去处理本衙门的事情。

其次,宰相的决策不容易执行。原因在于三省制的体制下,宰相只有决策权,而无行政权。行政权都在尚书省的六部。比如说,在大唐实行府兵制的时候,兵部管兵籍、地图,兼管军官的升降。如今,是募兵制,要哪个衙门去招募兵勇呢?要兵部去吗?兵部就会头痛地说:"对不起,我们兵部不处理这样的事情,这不是我们管的事。何况我们自己都很忙,根本无暇顾及其他的事情。"

如此一来,就只有让宰相独自站在那里尴尬了。

最后,就是对一些官职很低的人,宰相也难以指挥。最为突出的一个例子是宇文融,这是玄宗非常宠爱的一个小臣。他之所以得玄宗的宠,主要是因为他给玄宗解决了一个大难题。在大唐刚刚建立的时候,田地实行的是均田制,分给每一个农民田地,同时登记户籍,人口不准许随便流动。官府依照户籍进行兵役和徭役的分配。然而,时间久了,农民买卖田地的事情多如牛毛,加之兵役和徭役等负担,许多人都在原有的土地上生存不下去,于是就将田地给卖了,有的甚至直接扔下不管了,自己跑去别处开荒,或者是买人家的田地来种。其目的就是要逃离官府的管制，当然也不会再为官府承担什么赋税了，这便是"逃户"。这样的逃户越来越多，逐渐让朝廷吃不消了，朝廷是依照户籍登记进行收税的，但逃户如何收税呢？此事让玄宗很是烦心。宇文融当时只是一个八品的监察御史，然而，他却给玄宗出了一个很好的主意。他说："陛下，逃户的事情可不能再发展下去了，再发展下去，我们的国库就会逐渐虚空，百姓也难以控制，还如何复兴大唐呢？微臣有一个办法，不知当行不当行？"

玄宗十分英明，不论是谁，只要是好计策，他都会采纳。于是急忙道："卿有何计，快快讲来！"

宇文融说："微臣的意思是对逃户进行彻底清查。此事如果办得得力，还怕朝廷的税收会降低吗？还怕百姓不好管理吗？"

然而，此事是非常麻烦的：这里的农民逃到那里，那里的农民逃到这里，互相交叉，乱七八糟，一团乱麻，是很不容易清查的。既然这事是宇文融提出来的，想必他一定有良策，于是玄宗就对宇文融说道："宇文爱卿，你可愿为朕来办理此事？"

能得到皇帝的器重，对于一个官员来说，当然是好事情了，玄宗的话也正中宇文融的下怀。然而，他还是犹豫了下说道："陛下，您也知道，此事办起来很是麻烦，这需要很大的权力，需要相关衙门给予大力协助才能成功。"

玄宗说道："朕即刻任命你为覆田劝农使，所需权力朕一概赋予你，但求你能替朕将此事办好，了却朕的一桩心事。"

宇文融大喜，赶紧叩头领旨谢恩。

从此以后，宇文融也就有了特殊的身份。说是覆田劝农使，实际上就是玄宗的特使，官职虽不大，依旧是八品未动，然而，权力可是大了去了，连首席宰相也奈何他不得，因为他是直接归皇帝管的，不受宰相的辖制。在清查逃户这件事情上，宇文融便是整个大唐的最高官员，除了皇帝，谁也无权辖制。他威风凛凛地坐着驿站的车子周游天下，全国各地的相关衙门都要将自己清查的情况上报给他，然后才能上报中书省。他手下的人员也增多了，一批从各个相关衙门里抽调出来的人员全归他一人管理。如此，这些人包括宇文融也就完全成了朝廷官僚体制外的一个独立系统了。

这时候的宇文融也真是风光无限，仅是八品小官的他，却是连宰相也管不着的人，何况他的手下还有那么多人马！宇文融的确能干，办事雷厉风行，干净利索，不辜负玄宗对他的重托。自从他担任覆田劝农使以来，恩威并施，仅三年的时间，就为朝廷清查出八十万逃户，从而大大增加了朝廷的税收。由此，玄宗很是喜欢，对他进行了嘉奖。嘉奖的主要方式也就是升他的官。宇文融的官职很快从八品升到五品，那真是"连升三级"。此时宇文融的官职是御史中丞。

张说想：随着大唐的日益复兴，国家的事情将会越来越复杂多变，常常会出现一些新的问题，如此下去，这样的特使也会越来越多，那还要他们这些宰相干什么呢？国家权力不能统一调配，不乱了套吗？于是，他就向玄宗提出："陛下，特使这样的情况只可短时间存在，如果长久下去，必生弊端，还望陛下三思！"

玄宗心里自然明白，只是没张说想得深刻。有些地方该让属下发挥聪明才智的时候，就要让他们发挥。玄宗说道："依张爱卿之见呢？"

张说早就想好了，便很流利地对玄宗如此这般地说了一通。玄宗听完，心里透亮，便说："就依张爱卿！"

于是，张说大刀阔斧地对宰相机构进行了改革。他首先将宰相在一起议政的政事堂改了一下名字，叫"中书门下"。这一改不打紧，这个原来的政事堂便从议事机构变成了议事和行使权力的全职能衙门了，从而增强了宰相机构的权力和权力范围。原先是宰相上午在政事堂里开完会形成决策之后，下午再分别回到各自的属衙加盖中书省或门下省的大印，方能够发布实施。

自从将政事堂改为中书门下之后就不一样了，一个中书门下兼有原来的政事堂、中书省、门下省三个职能。宰相在这里形成决议之后，可直接在这里盖上大印生效。由此，宰相也由原来的兼职变成了真正的专职，当然以后也就在这里处理公事了，不再回到各自的衙门了，本省的事务都由副职来主持。如此，宰相办事就更为集中了，当然效率也与以前大不一样了。

改革后的中书门下设有吏房、枢机房、兵房、户房、刑礼房五房直属机构。这五房与尚书省的吏、户、礼、兵、刑、工六部都有着对应关系。中书门下设此五房，能够直接插手以前属于尚书省的行政事务。不少决议一经形成，便直接交予五房办理。

如此改革，宰相的地位比原先提高了，这也是张说在姚崇思路上的再创造。便于把握大局，高瞻远瞩。

从此以后，宇文融大老远看见张说就笑容可掬地施礼打招呼了："宰相大人，大安呀！"

张说也回礼道："大安大安，彼此彼此！"

彼此和谐相处，天下太平，人们都说："如此才合理呀！"

朝廷格局理顺了，玄宗心内大喜，想张说不愧是自己的老师，就是有一套呀！从此后也更信任张说了，认为他是能够协助自己复兴大唐的得力大臣！

张说是一个文人，他的文章天下扬名，是大唐的文坛领袖。在完成宰相机构改革之后，他开始大兴文治。

当然了，玄宗也不是不重视文化的大老粗皇帝，他对于国家发展文化事业，推进文明发展也非常重视，在这方面他和张说一拍即合。张说觉得，文人太分散，都是各干各的，缺乏管理，他们自身的生活也难以保障，若把他们集中起来，成立一个专门的文化人才机构，集思广益，相互促进，大唐的文化事业会发展得更快一些，当然也会促使大唐的经济快速腾飞。

玄宗在文化上的修养很大一部分得益于张说，因此也对张说这个老师的文艺才能特别推崇和看重。早在张说刚刚复职当宰相的时候，玄宗就设了一个丽正书院，张说任修书使，兼管丽正书院。

丽正书院就是一个专门的文化机构，主要负责书籍的编撰和整理，以及礼仪的研究，根据皇帝的需要帮他想一些办法，有时候还为皇帝上上课什么的。张说以宰相的身份兼管丽正书院以后干劲更大，他很能领会玄宗的心思，想要在经济腾飞的时候，也来个文化腾飞。张说将天下好多有名的文人才子都集中到丽正书院来了，比如大诗人贺知章、徐坚，还有他贬官岳州时候认识的好友赵冬曦等，全来这里供职了，欣逢好时候，人才荟萃，盛世气象形成。

张说与玄宗商量道："陛下，这些文人才士在丽正书院修书，是不是应当给他们个什么名分？"

玄宗想了想，说："那给他们什么名分合适呢？"

是呀，给他们什么名分合适呢？张说经过一番思考后，对玄宗说："臣以为他们在丽正书院做学问，为国家服务，就叫丽正学士如何？"

"丽正学士，丽正学士……"玄宗思考着。最后终于决定下来："好好好！就叫丽正学士！"

从此后，丽正书院的名士都有了名分，心里很是高兴，作诗写文章、为国家修书献计献策的劲头更足了。玄宗驾临丽正书院看望大家，见到如此情景，也分外兴奋，好似饮了一樽美酒，当即对有关衙门的官员命令道："这些都是朝廷的人才，可一定要保障好他们的供应呀，让这些人好好地为我大唐创造盛世文明！"

官员微笑着领旨："陛下请放宽心，臣绝不让他们受一丝委屈。"

然而，还是有个别的大臣有不同的看法。中书舍人陆坚心里就不平衡，觉得朝廷没有必要对这些人好。他私下对人说："丽正书院这些学士的水平高低不等，陛下根本没有必要对他们如此看重。何况一帮子文人会干什么呢，作诗写文章？对他们那么好，纯粹是浪费，还是遣散了好，根本没必要设什么丽正书院！"

身为中书舍人，却如此短视，连文化建设都认识不清。陆坚找张说谈起了自己的看法："宰相大人，丽正书院纯属可有可无，根本没有必要设此书院，为了给朝廷节省开支，不如遣散了这些闲人吧！"

张说正在兴头上呢，突然一瓢冷水泼下来，他心里很不高兴，于是板下脸来，毫不客气地说："你懂什么？自古以来，帝王在天下安定无事的时候，没有不奢侈腐化、广建宫室、纵情声色的；而当今陛下雄才大略，英武无比，他在天下安定、经济日臻繁荣之后，重视学问，搜罗典籍，崇尚文明，礼遇文士，这是多么好的事情呀，对国家有什么损害呢？你有什么可反对的呢？"

宰相的一席话说得中书舍人陆坚面红耳赤，无地自容，感觉自己真是太无知了。

事后传到玄宗耳中，玄宗大为欢喜，禁不住对身边的人发出感慨："还是张爱卿最了解朕啊！"

如何向天下陈情

大唐天下已经相当稳定了，社会秩序井然，经济繁荣，周边游牧民族也不敢再轻易冒犯中原了，天是那么蓝，花是那么艳，一切都是那么美好。经过十几年的努力，由乱到治是多么不容易，而且社会还在快速发展，这是多么令人惬意的事情呀！人人精神振奋，对未来充满了美好的向往，也对玄宗更为崇敬，觉得玄宗就是前无古人、后无来者的好皇帝。玄宗对眼见到的、耳听到的都甚为满意，也感觉自己的成绩很是不错，可以与过去的圣君相媲美了。玄宗很想表达一下此时的兴奋之情，舒放舒放。他想，也该舒放一下了，一直以来都是那么紧张。

然而，该如何表达这种感情？该如何舒放呢？

玄宗就想办个隆重的仪式庆祝一下。思来想去，觉得一个仪式不足以表达他内心的感情，抒发他胸中的豪迈英雄之气。如此伟大的成绩，难道只是办个仪式庆祝一下吗？太不尽如人意了！那又该如何呢？忽然灵光一闪，对，搞个封禅大典，向上天和祖先报告自己的功绩！早在开元初年，大臣崔日用就向他建议搞封禅大典，然而那时候，他哪有什么资格搞这个呀？他也根本无心搞这个。玄宗要搞的是国家建设，复兴大唐，那时大唐刚刚从混乱的阴影里摆脱出来。玄宗当时说:"搞那些无用的典礼既浪费国力、财力,还浪费时间,不如将精力好好用在复兴大唐上!卿也要好好助朕一臂之力呀!"

那时候,玄宗根本没有想到要举办什么大典。然而,这时候,他觉得可以,否则无法表达快意之情!

想到这里,他决定搞个封禅大典。

封禅是一种表明帝王受命于天的特别大型的典礼。封禅典礼始于春秋战国时期。齐鲁一带有儒士觉得普天下最高的山也就是泰山了,作为管理天下的帝王应当到这座山上对至高无上的神灵进行朝拜和祭祀,从而显示自己国力之强盛。历史上每个朝代的帝王心里都向往着举办个封禅大典,来显示自己的伟大,然而,真正能够举办这样大典的帝王却没有几位。自唐朝建立以来,高宗举办过封禅大典,女皇武则天也举办过封禅大典……而此时的大唐国力,也完全可以再举办一次这样的大典了。

然而,封禅大典须由朝中的大臣向他上书提出才行,哪有皇帝主动提出说自己有丰功伟绩要举行封禅大典的?不但如此,还要在大臣上书请愿的时候,反复推让才行。不过,要想将心事传达给心腹大臣,对于聪明的皇帝来说并非什么难事,只要在和这些大臣谈话的时候,有意无意间多说些封禅大典这样的词不就行了吗?

首先体会到玄宗意思的是当今的首席大宰相张说,只要有张说的支持,什么事都好办。

实际上,张说内心也很想举行一次这样的盛典。这可是百年不遇的大事呀。如今的盛世当然也有他宰相张说的一份功劳,他怎么会不想呢?所以他不只是想,而且非常热心!当初在他刚复职当上宰相的时候,也和玄宗刚登基当上皇帝时候要干一番大事业的心情是一样的。当时他在衙门处理政事的地方的墙壁上挂了一个大匾额,上书著名诗人王湾《次北固山下》中的名句以励志:

"海日生残夜，江春入旧年。"

气魄可谓宏大，诗的意思是说残夜还没有消失，然而一轮红日已经露出头来了。虽然时令还在旧年的冬天，然而万物已开始萌动，春的气息已经不知什么时候来到了长江的岸边。可谓无限豪情在胸中，他是要干一番大事的。如今也有了一番不小的成就，放眼天下，一派太平祥和，能不让他心情激荡吗？所以，封禅大典也是他作为宰相的心愿。于是，张说就联合了一批大臣向皇帝上书，要求举行封禅大典。

张说在请愿书中写道："英威迈于百王，至德加于四海。"

这是在说玄宗已经到了该封禅的时候了。玄宗看过，心里满意，但样子还是要做一下，于是一口回绝了。

当然了，大臣是不会灰心的，他们经宰相张说的鼓动撺掇，热情很高，都想见识见识封禅大典。得遇此盛世，也真是三生有幸！于是，继续上书。这次不是张说少数几个人上书，而是众多大臣同时上书，都要求举行封禅大典。然后，张说又和副宰相以及其他大臣连续三天上书。多么诚恳呀，看来也真是到了盛世了，众望所归，民心所向，都在盛赞玄宗的雄武大德，要求举行封禅大典。张说集中了所有盛赞皇帝的词语赞玄宗，说他是："创九庙，礼三郊，大舜之孝敬也；敦九族，友兄弟，文王之慈惠也；卑宫室，菲饮食，夏禹之恭俭也；道稽古，德日新，帝尧之文思也；怜黔首，惠苍生，成汤之深仁也；化玄漠，风太和，轩皇之至理也。"

至此，全国百姓都知道朝中大臣上书玄宗举行封禅大典这件事了，他们心中也都很兴奋，充满了向往，一致盛赞玄宗之德、玄宗之能。民间的文士也不甘落后，全都作诗献赋表达自己的心愿，反映百姓的心声。

玄宗见此情状，睡觉时都笑醒了，看来自己真是功劳很大呀，天下的官吏和百姓都这么拥护和爱戴自己！看来真是该举行封禅大典了。于是，他便在这股请求封禅的风潮之下答应了下来，但还是显出迫于无奈的样子，表现得很是谦虚。玄宗向天下诏令，将于次年十一月正式举行封禅大典。诏令写道："封泰山，禅梁父；答厚德，告成功！"

举行封禅大典的事已经定了，天下人翘首以待。然而，一想起来真要举办这样的大典，玄宗又觉得有点儿头疼。因为举办封禅大典真是太麻烦了，绝不是颁一道圣旨就能够马上解决的事。要办成大典，必须先考虑三个基本问题：首先财政问题；其次礼仪；最后还要考虑国家安全，别在皇帝带领着朝中大臣浩浩荡荡到泰山封禅去了，边疆动乱了，人家外番打过来了，那就显得自己太愚蠢、太可笑了。当然了，财政问题已不是什么问题了，如今的国家富裕了，办个盛典也不算什么，就是礼仪上还有点麻烦。以前高宗和武后举办过封禅大典，然而，玄宗觉得前两次都是武则天在起着主要作用。高宗的时候武则天是亚献，而到她自己在嵩山举行封禅大典的时候，她是主献，都是她的时代，是对李唐江山有不好影响的时代，乱了李唐江山的时代，因此，此次举行封禅大典，礼仪绝对不能和前两次相同。玄宗让丽正书院的学士制定此次封禅大典的仪式程序，他们都是饱读史书、通晓礼仪的人，干这个是最在行的。

宰相张说与丽正书院的学士受命之后，很是上心，抓紧时间办差，争取制定出最好、最符合明皇心意的礼仪。他们在一起反复研究讨论，终于制定出一套封禅方案。这套方案和高宗时候举办的封禅大典，最大的不同之处是禅礼部分。

禅礼也就是对地的祭祀。依照男性祖先陪天，女性祖先陪地的原则。因为陪祭的是长孙皇后，因此武后以此为借口，说男女有别，既然陪祭的是婆婆长孙皇后，为了尊重婆婆，就不能让男人来祭祀，而朝中的所有大臣都是男人，也就只能由武后自己来充当这个亚献了。从乱到治一路走来的玄宗是最忌讳女性在政治上逞英雄的，为了此类事情不再发生，因此封禅方案把此次禅礼的主祭和陪祭都改成了男性，请出高祖来当主祭，请出玄宗的父亲睿宗来当陪祭，这样非常合适，也不用女人来当什么亚献了。经过与大臣商议研究，玄宗决定让邠王李守礼来当亚献。最后献礼的叫作终献，玄宗的大哥李宪（李成器已改名）做了终献。这也显得他们兄弟之间和睦相亲，多好呀。

那么安全问题是如何解决的呢？大宰相张说有的是办法。他原先是想着到时多派些军队去北部边境严密看守，于是跟兵部商量。然而，兵部郎中裴光庭却不同意这样的做法。他说："张大人，这样做似乎不妥，我们大唐为什么要举行封禅大典？不就是因为我们日子过好了吗？国力强盛了吗？四夷宾服了吗？如果往边境派兵增将，害怕别人趁机打过来，那不是闹笑话，为人留下笑柄吗？"

张说听了，觉得也有道理，于是就问他："那你有什么好的计策吗？"

裴光庭诡谲一笑说道："下官有一计，可保此次大典不会出现安全问题。"

张说道："何计？"

裴光庭说："与我大唐紧邻的几个部落突厥是最为强大的，别的部落都看着他的眼色行事，因此来说，只要突厥没什么问题，别的部落也一定不会有什么事。"

旁边的一个大臣说："但是，我们如何才能保证突厥不会有问题呢？"

张说也道："是呀，我们如何能够保证？"

裴光庭胸有成竹地说道："诸位大人，突厥屡屡要求我们大唐与他们和亲，朝廷就是担心他们以后会忘乎所以，因此就没有同意。我们可以在这时候对他们进行暗示，让他们以为只要跟着陛下去举行封禅大典，就会有和亲的希望。这样，他们必定会命人来参加封禅大典。如此，他们的人在我们手里，同时向往着和亲，必定不会有不轨的行为。而那些弱的部落呢，看突厥来参加封禅大典了，他们也会跟着来。如此，大唐不就安全无恙，可以顺利举行封禅大典了吗？"

张说听着听着，乐了，禁不住叫道："好计！你真是想得太周全了！"

众人也称赞不已，纷纷说真是好计！

于是，朝廷立即派出使者对突厥进行友好访问。到了突厥，突厥的首领对大唐的使臣说："吐蕃、契丹和奚怎么能跟我们突厥相比？然而，他们都与大唐和亲了，为何我们的可汗向大唐提出和亲多次，大唐总是不同意呢？虽然和亲的不是大唐皇帝的亲生女儿，但只要能够和亲就是非常荣耀的。那些不如我们的部落都能和亲，这让我们很失颜面。"

使臣听了这话，脸上虽没表示什么，然而心里却笑开了花，自己此行不就是为的这个吗？于是，他马上很义气、很诚恳地对突厥可汗说："您尽管放心，我回去一定向陛下转达您的深情厚谊。"

突厥可汗大喜，真是感谢不尽。使臣假装沉思了一下，又说："我还可以为你们出个主意，以尽快促成美事。"

突厥可汗更是欢喜了，忙道："什么好主意？快讲快讲！"

使臣说："我们陛下将要举行盛大的封禅大典，可汗若是真想和亲，我认为，最好是跟随陛下到泰山封禅，若是陛下心里高兴，再提和亲的事不是就很容易了吗？"

突厥听了，茅塞顿开，连说："言之有理，言之有理！"

于是突厥可汗连忙与属下商议，派了位有名的大臣来到大唐，参加大唐天子举行的封禅大典。为了表示感谢，还送给大唐使臣许多礼物。

别的部落见比自己强大的突厥都派出重臣，跟随大唐天子封禅，他们也纷纷派出了重要的人物前去参加。有的是重臣，有的是王亲自来了。

如此，大唐也就没什么安全问题了。

封禅大典

开元十三年（725年）十月十一日，唐玄宗精神焕发，神采奕奕，率领着朝中百官、皇亲国戚、儒士文人、四夷酋长，以及日本、新罗、大食等国的国君或重臣、使者由东都洛阳出发，威武雄壮、浩浩荡荡向泰山而来。

封禅大典的场面很是壮观，多少人一辈子也见不着。仅是服务供应的队伍就延绵数百里，可以想象是什么样的景象。一路上彩旗飘飘、鼓乐喧天、吹吹打打，走到哪里都有老百姓在两边欢迎、观看。他们是真心庆祝这个盛世呀，个个笑逐颜开，新衣亮丽。

晚上宿营的时候最为热闹，周围数十里尽是帐篷，人欢马叫，很能显出红火的气象。数万匹马依照毛色区分，同一种颜色的单独编队，排成方阵，从远处看，一个地方白，一个地方黑，一个地方黄，一个地方红，一个地方又是棕色的，像是织出的锦缎，煞是好看。让人想起了麦子成熟的季节，翻滚飘动的麦浪。喜人的景象！

玄宗率领着封禅大典的队伍在路上行进了将近一个月，方到达泰山。

玄宗看着周围这么多的人，心想如何上山呢？要是都上去还真麻烦，从自己到卫兵，就有几万人，再加上后勤服务的人员数不胜数，差不多有十几万人。他只好和大臣商量说："我们的人太多了，不可能都上去，只能朕和宰相、礼官一起上去，其他人都留在山下等待吧！"

大臣都同意这样的安排，于是传令下去，就地等待。

上山的路也是不好走的，道路弯弯曲曲，盘盘旋旋，真是九曲十八弯，有的地方还很险峻。当上到一定高度的时候，再往下看，都眼晕。仅仅上山就需要一整天工夫。

依照宰相张说的计划，第一天上去之后，就在山上支帐篷宿营，次日再行大典。然而，这天晚上却下起了小雨，雨虽不大，但很是寒冷，还刮着不小的风，"呼呼"的。山上空气本来稀薄，很凉，加上已是深冬季节，让人心里真有些不快。

玄宗和宰相张说心里都非常着急，只是不说出来。这样一个告成于天地的特大盛典，没想到会下起雨来，若是天公不作美，会为人留下话柄的。

他们只有在心中默默祈祷，希望不要再下雨了。

天将亮的时候，雨果然停了，启明星闪闪烁烁。人们心情顿时开朗了，玄宗很是惊喜，不住地说："上天之恩，上天之恩！"

玄宗马上登坛拜祭，点火行礼。

在封禅的过程当中，有一个传统的仪式，将写有祭文的玉牒搁于石室之内。按照惯例，此祭文是很秘密的，不能让任何人看。玄宗不明白是什么原因，就问礼仪官贺知章："贺爱卿，祭文为什么要那么保密呢？你是礼仪官，你给朕说说看！"

贺知章说道："启奏陛下，因为祭文通常写着帝王私人的心愿，有的是祈求自己能得道成仙、长生不老的，所以不好让人看的。"

玄宗恍然明白过来："原来如此呀，可是朕写的这个祭文完全不是这样的内容呀，是能够让人看的。"

于是当即拿来祭文，只见上面写道："恭承大宝，十有三年。敬若天意，四海晏然。封祀岱岳，谢成于天。子孙百禄，苍生受福。"

宰相大臣看了无不敬服、感动，口称万岁，跪倒了一大片，齐声喊道："陛下胸怀天下，为苍生祈福，真乃圣君啊！"

正因为玄宗胸怀天下，一心为黎民造福，又有坚定的复兴大唐之志，大唐才会有今日！

玄宗命令燔柴展礼，顿时火焰熊熊燃烧起来。山下等候的百官、士卒看见熊熊火焰，立刻山呼万岁，声震寰宇。

晴日下，火光中，玄宗看着熊熊的火焰，心情抑制不住地激动。他对宰相张说道："我大唐能有今日，多亏宰相辅助！愿我们君臣能够永远如此！"

张说此时也是心中激荡，豪情满天。面对如此圣君，他说："昨天夜里淫雨绵绵，北风呼啸，没想到，天一亮就如此晴好，真是上天福佑，这是从来没有过的奇迹呀！还望陛下以后能够慎终如始，那将是天下之大幸、天下之大福呀！"

玄宗由衷赞道："爱卿之言甚是！"

周围的人见皇帝和宰相如此，也都掩饰不住激动的心情，一时群情激昂，高呼："万岁！万岁！万岁！"

都在想，天下永远这样多好呀！

封禅泰山以后，玄宗带领着众人又于社首山进行了禅礼祭地。

至十三日，封禅仪式差不多结束了。玄宗在帐殿之中朝见文武百官、地方刺史、儒士文人，还有数十个国家的使臣和国王。热闹异常，盛况空前。这些国家前来追随，使明皇这次封禅更为成功，影响更大，从而威望也更高了。哪个国家还敢小觑大唐呢？

玄宗经历着眼前的这一切，感受着眼前的这一切，抚今追昔，无限感慨。

想当初那样艰难，可谓举步维艰，自己的生身母亲和诸多亲人都在宫廷斗争中丧了命，自己励精图治，方创下今日之盛世，多么不容易呀！因此而封禅，向天地告以功成……想着想着，玄宗眼里竟然泪花闪闪。

　　玄宗高兴的同时、激动的同时、感慨的同时，大赦天下，封泰山神为天齐王。天下共庆，山神土地共享……

玄宗还是玄宗

玄宗自泰山返回洛阳,路过宋州的时候,于一家酒楼上宴请随行的官员。当时宋州刺史也在座。饮酒吃饭期间,玄宗对官员进行表彰。他对宰相张说道:"往常朕总是派人到地方对官吏进行考察,现在方明白他们总是所言不实。此次封禅大典,有几个地方官员的表现很是不错。

"首先一位就是怀州刺史王丘,他很知道节俭,封禅大典当中,除了基本的物资供应以外,没有贡奉过额外的什么东西,确实是个好官。其次,魏州刺史崔沔也表现得很好。他也很是节俭,此次大典,他供应的帐篷都是很朴素实用的。再次是济州刺史裴耀卿,他曾给朕上表,写了许多劝谏之言,要朕在封禅的时候不可扰民,若是扰民,也便失去了封禅之本意。朕看了他的上表,内心深有感触,朕将上表放置于龙椅之侧,以便时时警惕。还有一位,就是宋州刺史史寇了。"

玄宗说到这里,转脸问史寇道:"史爱卿,你知道朕为什么说你吗?"

史寇连忙恭敬地答道:"陛下鸿恩,臣不知。"

玄宗说:"因为这几日,老是有人告你的状。"

史寇听了心中一紧,禁不住张大了嘴巴:"啊!"

众官心里也紧张了一下,看着玄宗。

玄宗笑了说:"史爱卿不必害怕,他们向朕告状,说你安排的饭食太过简单了,朕明白你是不愿意讨好朕身边的人来为自己求得晋升!朕应当敬你一杯才是!"

说毕,站起来向史寇敬酒。众官见状,也都站了起来,表示祝贺,齐呼"万岁"。

后来,这些被表彰的官员全都得到了晋升。

玄宗非常重视文化建设,如今国家繁荣昌盛了,不大力发展文化怎么能行呢?要让周边的所有国家都明白,大唐不但经济繁荣,军事强大,同时也是文化上高度发达的国家。回到洛阳,玄宗兴奋的心情还未平静下来,他又在集仙殿宴请宰相、礼官以及丽正书院的学士。吃完之后,玄宗对他们道:"朕忽然对这个集仙殿有所感想,世上的人们都想着要成为神仙,然而又有哪个真正见过神仙呢?不如务实一点,把这个集仙殿改成集贤殿算了,朕最看重的是贤臣,而不是什么神仙。现在我们君臣在此聚会,你们皆为贤臣。"

听了皇帝此言,众人都大为感动,玄宗看待他们比看待神仙还重要!于是齐呼"万岁!"

玄宗继续说:"至于你们丽正书院,也改成集贤殿学院算了,以后你们就是集贤殿学士!"

众学士又谢恩,齐呼"万岁!"

玄宗又看了看张说,道:"张爱卿既然是集贤殿的最高官员,再叫学士似乎不太合适,那你就称为大学士吧!"

张说却无论如何也不同意将自己叫作大学士,他在学问上是很谦虚的。张说急忙说:"陛下,使不得,使不得!"

玄宗诧异了,问道:"如何使不得了?"

张说奏道："集贤殿都是做学问的人，并非官衙，不能以官职的大小而论；因此，臣绝不能被称为大学士！望陛下三思！"

玄宗说："就是论学问，爱卿你也是当之无愧呀！"

众学士也都说："陛下所言极是，张大人还是依了吧！"

然而，张说执意不当这个大学士，说自己的学问还差得远呢！玄宗和众人无奈，也终于不再称他为大学士。

然而，如此一来，张说反而更被人敬重了。

这时候的大唐，是强大的帝国了。这一时期，被后人称作"开元盛世"。

附：

开元盛世相关数据

人口：7000万

这是唐玄宗统治的天宝年间（742—755）的人口总数。天宝年间，全国人户统计数约为962万户，人口约为5288万。有关学者综合多方面的史料推测，在公元8世纪中叶，唐朝全国实际人户逾1300万至1400万户，实际人口超过7000万。

而8世纪的时候，东法兰克王国自塞纳河至莱茵河之间的总人口数是两三百万。而直至16世纪，地中海地区的人口才五六千万，北非的总人口数是300万。在农业经济为主的时代，人口即生产力。唐玄宗时期人口繁盛，表明了唐朝经济的总体实力。

耕地：6.6亿亩

这是唐玄宗在位期间整个大唐的耕地总量。唐朝的版图与汉朝相比，有新的拓展；大运河将黄河流域跟长江流域更为密切地联系在了一起，促进了整个大唐经济的增长。史称："开元、天宝之中，耕者益力，四海之内，高山绝垦,耒耜亦满。"据现有史料推算,整个大唐的耕地总数约为850万顷,折合现在的亩数达6.6亿亩,人均占有达9亩多。

国际关系:七十余国

这是《唐六典》列举的开元年间向大唐朝贡的藩国数。这些藩国,自东亚日本、朝鲜至东南亚诸国,自北部边疆少数民族政权至中亚、西亚,乃至地中海地区的一些国家,皆与大唐建立了朝贡的政治关系。开元年间,长安、扬州和广州等城市,云集着通过海陆丝绸之路来华的胡商藩客,成为沟通中外经济、文化与政治联系的主渠道。亚洲各国的学子来华学习,络绎不绝。2004年,在西安发现了井真成的墓志,这位日本学子便是开元年间来华求学的,还有跟大诗人李白成为好朋友的晁衡(阿倍仲麻吕),也是留唐学生。有些外国人也在大唐朝廷任职,甚至生活到老。

佛教大唐化——慧能和尚是禅宗的真正创建人,圆寂于玄宗即位第二年。之后,在玄宗统治的四十多年,禅宗快速兴起,儒、释、道合流成为历史的大趋势,唐玄宗就曾亲自对《孝经》《老子》和《金刚经》作注。三夷教,也就是祆教、景教、摩尼教,也在大唐得到传播。

藏书:53915卷

这是开元年间国家图书馆的藏书数量。唐玄宗的时候,唐朝的文教事业有了极大的发展。现在人们常说的四部(四库)分类法,正式被官方图书馆采纳,便是在唐代。"藏书之盛,莫盛于开元,其著录者,五万三千九百一十五卷,而唐之学者自为之书者,又二万八千四百六十九卷。呜呼,可谓盛矣!"(《新唐书》)"诗仙"李白与"诗圣"杜甫主要生活于这个时代。举几个文化建设上的典型事例:首先,唐玄宗曾组织鸿儒硕学,在集贤殿书院编撰四部图书；其次，开元二十年（732年）编订《大唐开元礼》，是最为完备的礼制典籍，没过多长时间又完成了《大唐六典》的编纂，这是最完备的行政法典性质的著作；最后，对教育大力提倡，广泛设立公、私学校。开元二十一年（733年）五月敕："许百姓任立私学，欲其寄州县受业者亦听。"（《唐会要》）开元二十六年（738年）下令，天下州县，每乡都要办一所学校，对学生进行教育。如此推行政教的结果是："于时垂髫之倪，皆知礼让。"（《旧唐书》）

唐玄宗个人的音乐才能和贡献

唐玄宗自小对音乐非常酷爱，六岁便会歌舞，显露出了不同于凡俗的音乐天资。少年时代曾于府中自蓄一部散乐自娱。他对多种乐器的演奏，如琵琶和横笛等，都十分精通，尤其是羯鼓演奏技艺更是高超、妙绝。唐玄宗多次对音乐制度进行重大革新，他将原九部乐、十部乐调整为坐部伎、立部伎，促进了音乐艺术的发展和提高；他设立梨园，扩充教坊，培养了不少优秀的音乐艺人；他吸收与容纳外来音乐，提倡俗乐，形成了空前的唐乐大气派。

8世纪上半叶，单就世界音乐来说，唐玄宗便是一位稀有的作曲大师。在他一生当中参与创作的音乐作品很多，多为器乐独奏曲、合奏曲、大型歌舞曲。作品从各个不同的侧面，直接或间接地反映了他的政治生涯和唐代自盛至衰的历史面貌。遗憾的是，他的作品都已亡佚无存。根据史料记载，这些作品大部分是他在710年以后创作完成的，那时候正是盛唐至中唐的转折时期。

《还京乐》《夜半乐》是唐玄宗为了纪念他发动的诛杀韦、武朋党集团的宫廷政变而作的。"开元之治"盛世的局面形成后，唐玄宗创作与改编了为数不少的宣扬君权神授、歌颂文治武功，以及太平盛世的音乐作品，像《圣寿乐》《小破阵乐》《光圣乐》《文成乐》等。唐玄宗长于"法曲"风格，最喜采用"游仙"题材，他本人参与创作、改编的有《霓裳羽衣曲》《凌波曲》

《紫云回》等。艺术方面，历代对他多有赞赏之词。唐玄宗的音乐创作中，占比重最大的首推羯鼓曲。羯鼓本为西北少数民族的一种打击乐器，于隋朝时期传入中原。因为唐玄宗对羯鼓的特殊喜好，将之看作八音之首，所以屡次谱曲，像《春光好》《秋风高》等被载入史册的就有不少。